풀의 주름

나무의 응시

송명화

수필가, 문학평론가
문학언어치료학 박사

'봐야 할 것을 보는 글쟁이가 되고 싶다. 사유는 깊이 하되 포근한 느낌의 글을 쓰고 싶다. 문장은 쉽되 가볍지 않은 글을 짓고 싶다.'는 일념으로 세상을 살피고, 공부한다. 또 수필을 쓰고, 강의한다. 『전남일보』 신춘문예에 수필, 계간 『에세이문예』에 평론이 당선되었다. 제1회 김만중문학상(수필 부문), 풀꽃수필문학상, 부산수필문학상, 연암박지원문학상, 한국산문문학상, 한국에세이평론상 등을 수상하였고, 『대한기자신문』에 본격수필을 연재하고 있다. 사회의 그늘진 곳, 환경문제, 생태문제에 초점을 맞추어 작가정신이 뚜렷하면서도 문학성이 높은 수필을 쓰고자 매일같이 수필과 씨름 중이다. 현재 사) 국제PEN한국본부 부산지역위원회 회장을 맡고 있다.

mwsong@hanmail.net

수필집	『에세, 햇살 위를 걷다』
	『사랑학개론』
	『순장소녀』
	『꽃은 소리 내어 웃지 않는다』
	『나무의 응시, 풀의 주름』
산문집	『사유한다는 것은』
이론서	『본격수필 창작이론과 적용』

나무의 응시
풀의 주름

프롤로그

수필樹筆, 유토피아일까
헤테로토피아일까

 숲에 든다. 시도 때도 없이 불러대는 숲의 목소리는 가만히 들어보면 내 속에서 나온다. 눈이 순해지고, 귀가 밝아지고, 마음이 고요해지는 것은 숲에 안겼을 때다. 저 초록의 순정함과 피톤치드의 향기로움에 눈이 열리고, 코가 편안해진다. 질 좋은 산소를 만나 폐도 이완한다. 비좁은 아파트에 깃들어서도 식물을 놓지 못하는 나는 내 안의 정원을 넓혔다. 그 속에 나무가 자라고, 풀밭이 생기고, 더러 꽃도 피고, 바람이 불어 흔들리기도 한다. 숲은 나를 들뜨게 하는 녹색 바람이다. 멀미 나는 세상에서 나는 그냥 초록이고 싶다.

 이십 년 넘게 수필로 세상 보기를 추구해 왔다. 미력하나마 내가 글쓰기 작업에서 들여다보는 것은 흔들리는 세상사다. 대부분 졸작이지만 골라보니 스스로 수필樹筆이라 칭

하고 싶은 수필隨筆이 마흔다섯 편이 되었다. 아르코문학창작기금을 신청하면서 목본 에세이와 초본 에세이, 둘로 나누어 놓고 제목을 지었다.『나무처럼만 풀처럼만』, 반복되는 조사 때문일까. 흔들리는 느낌이 짙어 사뭇 애잔하기도 하고, 진솔하지만 평범하기도 하였다. 인간중심주의적 시각에 휘둘려 환경파괴에 직면한 초록 생명들에게 흔들림은 어쩌면 작더라도 정서적 부담을 지우는 일이 될까.

출판을 앞두고 오랫동안 가만히 들여다보았다. 원고에서 제목이 걸어 나왔다.『나무의 응시, 풀의 주름』, 내가 들여다본 줄만 알았는데 그들도 나를 보고 있었던 것일까. 응시란 내가 아닌 내 안의 모든 것들이 보아내는 것, 주름이란 무수한 차이들을 내부로 끌어들여 접고 관계 맺고, 새로움을 외부로 펼쳐내는 다양성의 축제 같은 것, 라캉과 들뢰즈에게 힘입어 내 초라한 사유가 지붕을 얹었다. 쓰고 싶어 가슴이 뛸 때 객관적 상관물을 찾노라면, 내 속의 숲은 거절하지 않고 적합한 나무나 풀을 내어준다. 그럴 때 초록 이미지는 내 삶을 비추는 청동거울이다. 안쓰러운 피해자이기도 하고, 말하지 않고도 인생사 험한 결을 파헤치고 어루만질 수 있게 길을 안내하는 친구며, 스승이 되기도 한다. 나는 끙끙대며 주체도 타자도 구별할 필요 없는 자연스러운 세상을 기다린다.

 올여름은 지독히 더워 추석 지나고도 에어컨을 돌렸다. 우리나라가 아열대가 되리라 한다. 세계 곳곳에서 가뭄과 홍수로 재앙을 겪었다. 이식한 채소 모종이 말라 죽어 농부는 식재를 포기하고, 야채와 과일이 금값이라 하였다. 인류가 저지른 무모한 자연 파괴, 무분별한 개발, 탐욕스러운 대량생산과 소비가 불러온 생태계의 위기를 어찌 감당해 낼지 불안하기 그지없다. 인간이 자연의 지배자가 아니며, 자연을 떠나서 살 수 있는 신도 아니지 않은가. 인간도 자연의 한 구성원에 불과하다는 것을 잊은 건 엄청난 패착이다. 오만했던 인간중심주의의 깃발을 내던지고, 생태적 합리성을 회복하고, 생태적 상상력으로 지구를 에코토피아로 만들어 가는 길에서 인간과 자연은 결코 둘일 수 없다.

 베란다 숲이 나름 울울하다. 크고 작은 관엽식물과 풀꽃 화분들이 자리를 바꿔가며 더불어 산다. 빛을 찾아 가지를 비튼 나무의 방향을 돌려주며 그 마음을 읽는다. 벅찬 짐수레를 끌 듯 내 허리가 구부러질 때 나무 그늘에서 듣는 비밀의 언어는 다시 나를 수직으로 세운다. 날마다 창밖으로 먼 금정산을 읽고, 앞창과 뒤창을 열어 아파트 숲과 시민공원의 푸르름을 점검하며 내 안의 숲을 깨운다. 내가 새잎으로 다시 연해지고, 싱싱해진 숲이 되어 금정산 오솔길에 들어서면 숲이 나일까. 내가 숲일까.

내 숲으로 오세요 / 나무의 응시, 풀의 주름 / 나무의 아랫도리에 흥건한 / 풀이 영겁의 시간을 엮어요 / 녹음 우거진 내 숲으로 오세요

초록잎 무성한 숲의 언어에 차별은 없다. 나무와 풀, 산과 산림을 지향하는 나의 식물 수필이 지향하는 것은 지상에 있는 헤테로토피아의 세계이지만, 나아가 내가 숨 쉬고 발 디딘 전체 삶터가 생명 가득한 초록 세상이 되기를 기원한다. 발간에 도움을 주신 한국문화예술위원회에 감사드린다. 에너지 넘치는 젊은 번역가, 조수진 Sue-Jean JOE 교수님과 문학의 길을 함께하는 스승님과 문우들에게 고마움을 전하고 싶다. 그분들 모두 내게는 청정한 생명의 숲이다.

2024년 열매달
송명화

| 차례 |

프롤로그
수필(樹筆), 유토피아일까 헤테로토피아일까

Chapter 1
나무 경전

뿌리혹 · 16
탱자꽃 · 22
킬링필드 · 28
석류알 같은 · 34
차라리 묵언 · 40
후궁나무 · 46
마부니의 눈물 · 53
척촉 · 59
현고수 · 64

Chapter 2

숲의 인문학

아까시 · 72

어엽비를 만나다 · 79

왕버들 마스크 · 85

엉겅퀴 사내 · 91

쿰바야 로즈 · 96

미루나무 · 102

슬픈 회화나무 · 107

망춘화 · 112

꽃비 · 118

숲은 나를 들뜨게 하는 녹색 바람이다.

Chapter 3
녹색 바람

류류화화 · 126

매니큐어 · 133

서향과 장구댁 · 139

능소화 블루스 · 144

보랏빛 꽃등 · 150

은행나무 동화 · 155

희망 사항 · 161

북향화 · 166

본처기질 애첩기질 · 172

Chapter 4

풀의 은유

습수요 · 180
가시 · 186
싱아를 찾아서 · 192
도꼬마리 · 198
경계를 넘어 · 204
백두옹 · 210
쑥 같은 사람 · 216
민들레처럼 · 221
신성리 갈대밭에서 · 228

멀미 나는 세상에서 나는 그냥 초록이고 싶다.

Chapter 5
그냥 꽃, 제3의 젠더

아마릴리스, 아마조네스 · 236

상추꽃 · 243

노고초와 노숙자 · 248

동백꽃 · 254

청려장 · 260

네펜데스의 통발 · 266

번역 수필

홍시 · 274

A Ripe Persimmon · 280

에필로그
산중의 악사

CHAPTER 1

나무 경전

상처가 숨을 쉰다. 숨구멍을 가진 상처는 아물고, 그제야 낙우송은 둥근 열매를 맺는다. 나무도 사람도 한결 성숙해지는 시간에 나는 시를 읽고 싶다. 낙우송이 된 시인의 흔적을 시집 속에서 불러내어 함께하고 싶다.

뿌리혹

　　　　　　누구나의 가슴에도 빙하는 흐른다고 하였다. 가슴속 빙하는 지하수로 흐르다가 덮개가 단단하지 못한 부분을 찾아 용출한다. 차게 흐르던 내면의 온도가 외부의 온기를 느끼고 누그러지면 비로소 안도의 숨길을 찾는 것, 마음속 상처는 그런 것일까.

　기묘한 뿌리혹들이다. 천리포 수목원에서 만난 분화구들을 어찌 설명할까. 연못가를 걷는 오릿길을 돌아 나오다가 낙우송 무리를 만났다. 수사처럼 엄숙하게 도열해 있는 나무둥치 아래에 생경한 것들이 눈길을 끌었다. 판타지 영화에서 보던 가상제국의 축소판인가. 땅에서 솟은 수많은 돌기가 수석전시장을 방불케 했다. 앉아서 세운 무릎처럼 여기저기 불쑥 솟은 기이한 것들, 뿌리도 아닌 것 같은데 땅에서 자라 올라온 종유석 형상이다. 푯말을 보니 식물의 뿌리호흡을 돕기 위해 생겨난 기근이라 했다.

  사춘기를 맞은 조카의 여드름처럼 터트려야 할 에너지가 툴툴대며 불쑥대는 것만 같다. 화구 폭발처럼 여드름이 솟고 나면 몸은 차분히 성장의 방향을 잡지 않을까. 성숙으로 가는 길은 우둘투둘한 산길이기도 말끔한 페이브먼트이기도 하지 않던가. 요모조모 살피며 관심을 기울이는 내가 부담스러운지 다들 돌아앉은 모양새다. 정체성을 의심받는 고통을 알아버린 것일까. 주변인의 설움을 말하고 싶은 것일까. 애잔함이 일어 이곳, 천리포수목원의 낙우송 앞에서 주저앉는다. 오면서 어느 시인의 부음을 들었던 까닭이다.

  시인은 낯빛이 검었다. 말수가 적고 진중하여 뵐 때마다 조심스러웠다. 새까만 후배인 내게도 예를 다하시는 모습과 나직한 목소리의 울림 때문에 그분 앞에서는 나도 모르게 내 매무새를 점검하곤 하였다. 단풍 들기도 전에 시들어 가는 낙엽처럼 그림자 드리운 안색이 걱정되었다. '예민한 감성과 투명한 직관의 시인'으로 일컬어지는 그가 풍기는 묘한 페이소스는 무겁고 어두웠다. 자리를 함께한다면, 술

한 잔에도 그의 내면에 찬 얼음물이 분수처럼 솟구칠 것 같은 느낌이었다. 그 우울의 이유를 아는 데 제법 많은 시간이 걸렸다.

퍼런 멍 빛깔의 삶이란 그런 것일까. 그는 중학생 아들을 왕따 사고로 잃었다고 한다. 본인이 근무하는 중학교에서 일어났던 일이라 했다. 교사로서의 자존감도, 아버지로서의 자부심도 허공으로 낱낱이 흩어져 버렸고, 남은 것은 짙은 회한뿐이란다. 지인에게 그 이야기를 전해 듣는 순간 머리가 아파졌다. 치이고 패인 껍데기로만 남게 된 남자라니. 숨소리까지 슬퍼 보이더라니. 근력을 소진한 사람처럼 가라앉아 있더라니. 주렁주렁 온몸에 관을 매달고 하루하루 고통을 씹으며 연명하는 중환자처럼 그는 가까스로 살아내고 있었던 것 같다. 얼마나 외치고 싶었을까. 얼마나 시간을 되돌리고 싶었을까. 낙우송 기근을 가만히 쓰다듬어 본다. 까까머리 중학생의 머리통같이 반들거리는 기근의 꼭대기에 때늦은 조사弔辭를 얹는다.

"이제 평안하시지요." 왠지 경건해진다. 나를 내려다보는 낙우송에게 나는 얼마나 작은 존재일까. 낙우송은 높이가 반백 미터까지 자라는 교목이다. 거기다 팔백 년에서 삼천 년을 산다고 알려진 장수나무다. 사람은 이 나무를 우러러

보고, 나무는 시야를 넓혀 세상을 살핀다. 온갖 새와 미물을 품는 넉넉한 품을 가졌고, 침엽수이면서도 고운 단풍을 보여주는 미적 감각이 남다른 식물이다. 우뚝 솟아 대기를 마음껏 숨 쉬면서도 따로 호흡뿌리를 가져야 하는 것이 왠지 안쓰럽다. 살아남기 위해 대를 이어가며 환경에 적응하고자 몸부림친 과정이 눈앞에 파노라마처럼 펼쳐진다. 그렇게 되기까지의 먼먼 진화 과정이 시인의 삶을 상관물로 삼아 영상을 돌린다.

　시인이 호흡한 세상은 어떠했을까. 분노가 들썩일 때, 바깥으로 뛰쳐나오는 울분을 잡아맬 방법은 없었겠지. 몇 겹의 울타리로 단속해 봐도 무의식의 천장을 뚫고 분출하는 슬픔을 어찌할까. 그는 그것들에게 숨구멍을 내주었던 것 같다. 진물을 말리고 까들까들하게 아물 수 있도록 속을 조금씩 내보이기 시작하였다. 시작詩作은 그의 평생의 업이 되었다. 카메라에 검은 천을 씌우고 순간을 기록하던 사진사처럼 삶이라는 작품을 완성하기 위해 그는 암흑 속에서도 셔터 끈을 계속 잡아당겼다. 예술로 승화된 치유의식을 치르느라 바쁜 그를 나는 멀리서 속으로만 응원하였다. 흉터조차 세상을 보는 눈이 되고, 살아가는 기운을 마시는 코가 되기까지 그의 족적이 눈물겹다. 그래서일까. 그의 부고가 안타까웠지만 놀랍지는 않았다.

　내 방에 걸린 고흐의 그림 속에도 낙우송 같은 나무가 있다. 화가는 말년에 우울증을 앓았다. 병원의 침대에 누워 창을 내다보면 유럽 낙우송이라 할 만한 사이프러스가 보였다. 수직으로 높이 뻗어 땅과 하늘을 연결하는 그 나무를 보고 그는 삶과 죽음이 분리될 수 없음을 깨달았다고 한다. 유럽인들이 죽음의 상징으로 여기는 나무에서 삶을 보아낸 그의 예지 덕분에 명작은 세상을 위무하는가. 소용돌이와 파도 모양의 강력한 붓 터치들이 에너지의 흐름으로 나타나고, 살고자 하는 염원이 역동적인 움직임으로 나타났다. 정신병원에서 보낸 생의 마지막 삼 년 동안 그를 위로하고 자아를 투영하게 했던 고흐의 그림 속 낙우송은 볼 때마다 내게 텔레파시를 보낸다.

　하늘까지 닿을 듯 키를 뽑아내는 나무는 잭의 콩나무이기도 하고, 선녀를 데려가기 위해 하늘에서 내려준 두레박이기도 하다. 어릴 적 나를 따돌리려고 그렇게 노력하던 친구가 있었다. 전학 온 곱슬머리 아이였는데 무슨 까닭이었을까. 그 아이의 사주를 받은 몇몇 아이들이 시간이 날 때마다 나를 괴롭혔다. 낙서하고 헛소문을 내고 길게 땋은 내 머리꼬리를 잡아당기거나 주먹다짐을 하고 도망가기도 하였다. 벗어나기 힘든 굴레였고 상처였다. 자존심의 부채로 부어오른 눈을 가리고 엄마에게도 이르지 않았던 그 일이 세상으로 나선다. 시인의 아들과 내 속의 어린아이가 손을 잡고 낙우송 기근들 사이에 나란히 선다.

"도움을 청하지 그랬니? 용기 있게 나서지 그랬니? 잊자꾸나. 그리고 깃털처럼 가벼워지려무나."

내 생각의 방에서 이제 시인도 그림 속 낙우송이 된다.
 가을이 오면 낙우落羽를 볼 수 있겠지. 고급스러운 갈색 깃털들이 세상을 한 바퀴 날고, 드디어는 상처에 내려앉을 터이다. 깃털이불이 기근을 감싸고 겨울 모진 추위를 막아주며 새봄을 기약하는 동안에 땅은 술 익듯 향기로운 자양분을 빨아들이고, 하늘은 더 가까워질 낙우송의 우듬지를 내려다보리라. 상처가 숨을 쉰다. 숨구멍을 가진 상처는 아물고, 그제야 낙우송은 둥근 열매를 맺는다. 나무도 사람도 한결 성숙해지는 시간에 나는 시를 읽고 싶다. 낙우송이 된 시인의 흔적을 시집 속에서 불러내어 함께하고 싶다.

탱자꽃

참 서러운 꽃이다. 얼마 만인가. 마음 먹고 찾아 나선 것도 아닌데 우연히 만난 탱자나무 덤불이 반가워 코끝이 시큰하였다. 조랑조랑 달린 꽃봉오리들이 안쓰러웠다. 푸른 기운이 도는 흰색을 보면 괜히 마음이 짠해지는데 눈물방울처럼 맺힌 하얀 꽃봉오리들, 꽃잎이 얇아서 더 서러웠다.

내가 다녔던 남해초등학교에는 탱자나무 울타리가 있었다. 나보다 두 배나 큰 키를 자랑하는 그 울타리가 얼마나 우람하던지 소심한 나는 감히 다가갈 엄두를 못 내었다. 간혹 사내아이들이 개구멍을 들락거리기도 하고 가을에는 손가락으로 가시 돋친 줄기를 조심스레 벌려 노란 탱자를 따 내기도 하였지만 나는 그런 즐거움을 누리기는커녕 사나운 가시의 위용에 질려 멀찍이서 경계할 따름이었다. 겨울이 되면 탱자나무 줄기와 가시들이 여위고 비틀린 모습으로 공중을 향해 삿대질을 해대는 것만 같았으니. 어쩌다 생각 없이 눈길을 보내면 그것들이 내게 온갖 불평을 늘어놓는 것 같아 절로 마음이 신산해지고 멀리 있는 봄이 기다려지기도 하였다.

 내가 탱자나무 곁으로 발걸음하는 때는 꽃이 필 때였다. 머리가 띵하도록 씁쓰레한 신맛에 진저리 치던 기억을 잊을 만하면 봄이 왔다. 죽은 듯 말랐던 가시 돋친 몸에 초록 물을 돌리고 희푸른 꽃망울이 잡히기 시작하였다. 탄탄한 가시 방진 속에서 목을 쭉 빼고 나름의 자리를 차지하려 애쓰는 작은 꽃봉오리들은 얼마나 위태로워 보였는지. 순수한 하얀 색에 이끌려 부드러운 꽃잎을 살짝 건드려 보기도 하였지만 걱정이 앞섰다. 벌이나 나비가 들락거리다 얇은 꽃잎을 다치게 하지나 않을까. 봉오리가 피다가 꽃잎이 방향을 제대로 잡지 못해 가시에 꽂히는 것은 아닐까. 어린 마음을 흔들었던 근심이 서러움의 정서가 되었나 보다.

 그 서러운 꽃을 며칠 전 하늘에서 보았다. 축제의 기쁨을 뿜어내는 축포 소리에 이어 불꽃이 하늘을 수놓았다. 팡 팡 터지는 하얀 불꽃 하나하나에 창백한 어린이들의 수심에 찬 얼굴이 들어 있었다. 담도 제대로 없는 창고 같은 공장의 마당에서 폭죽을 만들고 있는 아이들의 모습이 떠올라 한숨이 나왔다. 가시에 둘러싸여 그 가시의 겨드랑이에서 조심조심 얼굴을 내미는 연약한 꽃봉오리들이 떨고 있었다. 빚에 묶여 폭죽을 빚고 있는 어린 담보노동자들의 기막힌 삶이 며칠 전 텔레비전에서 울고 있었다.

인도 폭죽산업의 중심지인 시바카시의 밤은 화려하다. 이곳에서는 생산된 폭죽을 실험하느라 밤마다 불꽃축제가 벌어진다. 폭죽이 터지는 동안 밤하늘은 화려하기 그지없지만 불꽃이 스러지고 나면 어둠은 더욱 깊어진다. 그 어둠 속에 열네 살 치트라와 수많은 십 대 아이들이 있었다. 치트라는 열 살 때 폭죽공장에서 일하다가 폭발사고로 전신 화상을 입었다. 피부가 오그라들어 이마와 눈을 제외하고는 성한 데가 없다. 마디가 불분명해진 손은 턱밑까지 오그려 붙었다. 혼자서는 일어설 수도 없다. 온몸을 담요로 가리고 눈만 내놓은 채 아이는 세상과 격리되어 있다. "얼른 나아서 부모님 빚을 갚아드리고 싶어요."라는 아이의 말에 통역사는 울어버리고 말았다고 한다. 아이의 푸른 기운이

도는 눈빛이 맑았다.

 그 아이들은 탱자꽃이었다. 어른들이 촘촘히 엮어놓은 감옥에 갇혀 가시 울타리 틈새를 뚫고 간신히 굽은 꽃줄기를 내밀어 존재를 말하는 삶이 힘겨운 탱자꽃이었다. 학교도, 놀이도, 하고 싶은 일도 거부당한 채 노동의 현장에 갇혀버린 어린아이들이 가질 수 있는 꿈은 무엇이 있을까. 가을이 되면 꽃 떨어진 서러운 자리에 동그란 탱자 여물 듯, 세월이 가면 아이들도 어른이 되고 나름대로 삶을 꾸리겠지만 담보노동을 하며 익힌 열매가 어찌 귤의 꿈을 꿀 수 있을까. 같은 씨앗이라도 강의 남쪽에다 심으면 귤이 되지만, 그것을 북쪽에 옮겨 심으면 탱자가 되어버린다는 고사도 있지 않은가. 꽃부터 시들어 버린 치트라의 탱자는 어찌 여물지 아득할 따름이다. 조금의 방심도 허락하지 않는 팍팍한 삶의 한가운데서 아이들은 탈출구를 찾을 수 없을 것만 같다.

 힘들게 찾아간 모교에 탱자 울은 없었다. 몇십 년을 버틴 가시 울타리는 걷히고 밖에서도 운동장을 볼 수 있는 현대적인 낮은 서양형 펜스가 자리 잡고 있었다. 하얀 색깔이 산뜻하였으나 내 눈은 그 자리에서 옛날의 가시 울을 불러낸다. 울타리가 사라졌다고 서러움의 정서까지 없어지는 것은 아닌가 보다. 레이스처럼 아련한 탱자꽃 향기가 어쩌면 내 마음에 두터운 그늘을 드리웠는지도 모르겠다.

 탱자꽃이 사나운 가시 울 속에서도 나름의 열매를 맺을 수 있는 것은 진한 향기 덕분이다. 향기가 그렇게 곱지 않았다면 벌도 나비도 위험을 무릅쓰고 찾아들지는 않을 게 아니겠는가. 코를 킁킁대며 동그란 주머니처럼 닫힌 꽃봉오리를 벌려보기도 하고 춤추듯 벌어진 꽃잎을 따서 소꿉놀이를 하던 아이들이 어른이 되었다. 서러움이든 그리움이든 그들의 마음은 탱자꽃을 향해 열려 있을 것 같은데…. 자신보다 어머니의 건강을 걱정하고 하루의 끼니를 걱정하는 그 아이들의 눈물겨운 마음은 탱자꽃보다 더 향기롭다. 어른들이 나서서 현실의 날 선 가시 울타리를 걷어내고 아이들에게 살길을 열어준다면 얼마나 좋을까.

 한순간 반짝이고 더 깊은 어둠을 몰고 오는 줄 알면서도 그것이 그 아이들의 식사가 되는 것이 아니냐며 애써 나서지 않으려거나 어쩔 수 없는 남의 나라 이야기가 아니냐며 시선을 거두려다가 멈칫 놀라고 말았다. 사나운 가시 울타리를 엮고 있는 게 내 모습이구나 싶어서다. 열 살 남짓 아이들의 눈물을 밟고 즐기는 불꽃놀이, 세상은 부끄럽기만 하다. 불꽃 터질 때 아이들의 울음 또한 터지는 것을….

사람들은 불꽃놀이에 열광한다. 환한 빛에만 눈길을 두고 어둠은 짐짓 몰라라 한다. 눈에 보이는 것에만 마음을 두고, 보이지 않는다고 곪은 부위를 모르는 체해서야 어찌 낫기를 기대할 수 있으랴. 아이들이다. 가시에 포위된 탱자꽃이나 탱자가 되어서는 안 될 연약한 아이들이다. 탱자꽃의 향기를 즐기고 탱자를 굴리며 노는 평범한 기쁨을 알아야 할 소중한 아이들이다.

　올해도 불꽃축제가 열리겠지. 한때는 나도 불꽃에 홀려 사진 촬영을 하며 환호하기도 했었다. 그 불꽃 뒤에 드리워지는 떨어진 탱자처럼 빠르게 시들어 가는 아이들의 영상을 어찌 지울 수 있을까. 이제 찬란한 불똥 속에서 내 꿈을 그리기는 어려울 것 같다.

킬링필드

입이 딱 벌어졌다. 풍장을 당하는 패전국의 시신들을 보는 것인가. 단단한 뼈가 줄가리로 삭정이로 내려앉기까지 그 세월을 어찌 견딜까. 거대한 죽음의 땅이었다. 영화 제목인 「킬링필드」라는 낱말이 떠올랐다. 하얗게 말라가는 굵은 가지들이 온통 공중을 향해 삿대질하고 있었다. 헤밍웨이가 쓴 소설에서 며칠씩 산티아고 노인을 끌고 다닌 대어의 뼈가 저랬을까. 완벽하게 살점을 날려버린 뼈가 꺾어지고, 비스듬히 드러눕고, 아무렇게나 얽히고설켜 부러지고 엉키고 난리 난장이었다.

구상나무의 거대한 묘지에서 할 말을 잃었다. 잎 하나 달지 못하고 버쩍 말라버린 나신은 따사로운 햇살 아래서도 고통스러워 보였다. 곁가지가 위로 향하지 않고 수평으로 쭉쭉 내뻗은 모양은 "나 죽겠네." 하고 비명을 내지르는 모습이며, 그것마저도 아래로 하향곡선을 그리며 축축 처져 버린 가지는 "나 죽었소." 하고 눈물만 줄줄 흘리는 자포자기의 탄식을 들려준다. 섬나라 고산지대 삭풍을 견디려고 키를 낮추고 굵은 줄기를 촘촘히 키웠건만 천근성淺根性 수종의 한계 때문에 큰 바람 한 차례에 뿌리까지 뒤집어져 어느 것이 뿌리냐, 어느 것이 가지냐. 구상나무를 일러 '살아서 백년, 죽어서 백년'이라는데 저 모양으로 어찌 백년을 간다는 것이냐. 걱정이 앞섰다. 지구 온난화로 기상이변이 잦아져서 큰일이라는 걱정이 괜한 말이 아니었다.

한라산 등반은 젊은 시절부터 나의 버킷리스트였다. 무릎관절 때문에 걱정하면서도 성판악에서 출발하여 장도에 올랐다. 해발 1,500미터를 오르자 바람이 거세졌다. 1,700미터 안내판을 보며 잠시 쉬면서 현무암에 덧입혀진 얕은 흙에서 노랗게 피어난 양지꽃 사진을 찍었다. 고지의 꽃빛은 유난히 고왔다. 백록담을 본다면 묵은 해원이 풀려 살얼음 낀 내 이마가 다시 환해질 것 같은 기대로 등산화끈을 다시 죄었다. 가파른 경사 탓에 끝없이 이어지는 돌길과 나무계단이 부담스러웠다. 한 줄로 열을 지어야 산행이 원만해지는 좁은 등산로라 중간에 쉴 곳도 없었다. 그래도 정상과 가까워진다는 희망이 나를 이끌었다. 다시 계단을 오르기 시작한 지 얼마 되지 않아서였다. 이게 현실세계인가. 한순간에 총공격을 받은 것처럼 전쟁터가 펼쳐졌던 것이다.

오늘은 KBS「다큐 인사이트」에서 한라산 구상나무 집단 고사 현장을 보여준다. '붉은 지구'라는 타이틀에 가슴이 아린다. 영상은 한라산의 사계를 보여주는 것으로 시작하였지만 내 관심의 초점은 또다시 세계에서 가장 넓은 구상나무 군락지에 다다른다. 침엽수이면서도 날카롭지 않은 부들부들한 잎, 큼직하고 의연하게 우뚝우뚝 솟는 열매, 안정감 있는 원추형 수형, 잎을 문지르면 풍기는 독특한 향기까지 귀티가 흐른다. 문득 서글퍼진다. 구상나무들이 겸손하게도 험악한 고산에 자신들의 나라를 건설하고 종토를 넓혀가던 시절, 사람들은 무엇을 하였던가. 지난해 한라산에서 나무들의 떼죽음 현장을 목도한 뒤부터 종종 그 장면은 내 무의식 속에 회색 분지를 만들고 내 시야를 어지럽히는 풍경이 되었다.

구상나무는 한라산이 원산지다. 백 년 전에 프랑스 선교사에 의해 발견되었다고 한다. 이후 서양으로 반출되어 이름을 얻고 개량되어 크리스마스트리로 널리 쓰이게 되었는데 이제 우리가 사용료를 치르고 역수입하여 쓰고 있는 형편이란다. 게다가 한라산에 사는 원조 구상나무가 이십 년 사이에 멸종의 가속페달을 밟고 만 것인데 얼마나 견딜 수 있을는지. 곳곳에서 멸종을 막기 위해 식재와 연구가 이루어지고 있다. 태곳적 고요 속에 발아래 노니는 구름을 감상하던 걱정 없던 그 시절로 재건을 이루는 게 가능할까. 한라산의 깃대종으로 선정되었지만 걱정스럽다. 연평균 온도가 1도만 올라도 150미터 위로 이동해야 한다는데 산꼭대기로 내몰리면 그땐 어떻게 해야 할까. 그런데도 사람들의 오만 가지 걱정 속에 기후 걱정은 뒷순위인 것만 같다.

 기자는 카메라를 360도로 돌려가며 거대한 고사목의 전시장을 보여준다. 풍장으로도 해결되지 않는 번민의 땅에서 그래도 군데군데 푸르게 자라는 구상나무들의 어깨가 무거워 보인다. 그들을 '종족의 생존'이란 사명을 띤 구원투사라 부르고 싶다. 태풍과 물 폭탄은 매해 더 심해지고, 거기다 봄철 성장을 책임지는 눈까지 갈수록 가뭄이 심해진다니 이겨낼 장사가 있기나 할까. '절멸위기종'이라는 이름표를 얻은 구상나무의 미래는 가히 살얼음판이다. 기세 좋은 활엽수 그늘을 피해 고산으로 옮겨 그들만의 왕국을 꿈꾸었건만 쇠락은 속수무책으로 다가왔다. 성판악 정상부 구상나무 자생지에는 팔 할이 죽고, 이 할이 남았다고는 하지만 앞으로는 보게 될지 어떨지를 장담할 수 없으니. 환경 적응의 장한 증인들이 갈급하게 숨을 몰아쉬고 있었다. 고이 잠들지 못한 동료들의 시신 속에서 삶터를 지키던 몇몇 구상나무들은 올여름 더위와 이번 태풍에 어찌 되었을까. 영상은 그 시기까진 담지 못한 모양이었다.

2000년대 초만 해도 구상나무 숲은 태평성대였다. 그들은 원단에 나누는 새 달력의 일월이나 이월을 장식하는 단골 모델이었다. 사진작가들 덕분에 우리는 한라산을 오르지 않고도 성판악의 장관을 즐길 수 있었고, 정돈된 하얀 설국을 맛볼 수 있었다. 경건한 눈 나라, 나무마다 흠뻑 눈을 둘러쓰고 구상나무들은 하얀 고깔을 덮어쓴 성자가 된다. 순결한 눈은 뿌리를 따뜻이 감싸주고 조금씩 녹으며 젖을 빨린다.

> 올해는 눈이 자주 내리고 천천히 녹게 되기를, 그리하여 내 뿌리를 땅속 깊이 내려 확고히 흙 속에 자리 잡을 수 있기를, 뿌리 마디마다 아귀의 힘을 키워 흙덩이를 강하게 움켜

잡고 사태를 막아내기를, 인간들이 지구의 온도를 절대 높이지 않기를, 지구의 온난화로 기후가 요동치지 않기를!

구도자의 기도를 대신해 본다.

세계유산본부는 2023년에 한라산 구상나무를 '유전학적 기준목'으로 선정하였다고 한다. 어린 구상나무 세대들의 미래는 어떻게 될까. 번영의 꿈을 꾸는 그들이 이름에 걸맞은 생물 주권을 다시 찾게 될까. 영상이 멈춰 선 텔레비전 화면 앞에 서서 두 손을 모은다.

석류알 같은

핏물이 고였다. 비닐을 벗기자 껍질이 터진 석류들이 일제히 내게 안겨들었다. 영롱하던 보석 알맹이가 견딜 수 없는 고통으로 아우성친다. 살려달라고, 살려달라고. 투명한 피막을 지탱할 의지를 잃었던 것일까. 비련의 주체가 될 운명을 짐작했던 것일까. 알알이 맺힌 핏빛 멍울은 보호막을 잃은 존재의 아픔을 보여준다. 이 석류들은 의령에 사는 친구의 한 해 수확이었다. 못난이긴 해도 냉장고를 열 때마다 내게 새콤달콤한 행복을 안겨주었다. 이런 소확행이 지구촌 누구에게나 예사로운 것이라 생각했는데 그예 사달이 난 것이다.

석류는 신이 사랑한 열매다. 그리스신화, 터키신화, 성경, 코란, 베다와 불경에도 등장하는 식물이다. 그리스 로마에서는 풍요의 상징으로, 이슬람에서는 신이 주신 좋은 것으로, 기독교국에서는 사제들의 제의를 장식하면서 재생과 부활의 표상으로 여겨졌다. 다산과 다복의 아이콘이다. 열매가 속살을 내보이면 지나는 누구라도 들여다보지 않고 못 배기는 것은 별개의 알맹이로 몫몫이 씨앗을 품고서도 덩어리로 어울린 신비함에 이끌리기 때문이 아닐까. 큰 알맹이로 자라고자 혼자만 비만하지도, 옆의 알맹이에 치여 오그라들지도 않는 적절한 욕망과 타협과 열정으로 석류는 늘 대견하였건만 나는 세상에서 가장 우울한 석류의 상징을 안고 말았다.

모니터를 채운 한 장의 사진에 눈을 크게 떴다. 폭격으로 부서진 교각과 다리 상판 아래에 빽빽한 석류알들. 그 하나하나가 공포에 질린 피난민의 얼굴이라면 그것을 말로 무어라 표현할 수 있을까. 러시아가 우크라이나를 침략했고, 우크라이나는 결사 항전 중이다. 핵무기로 경쟁하는 시대에 무력침공이란 광인의 춤이 아닌가. 분노하여 전화로 우크라이나에 기금을 보내기도 했지만 어느새 내 손톱 밑의 가시에 몰두하느라 가끔 뉴스를 보는 정도로 관심이 옅어졌다. 과거의 교훈은 역사책 속에 묻어둔 채로 모두들 현재의 안락함에 젖어 있었다. 낮에는 태양이 밤에는 달이 늘 뜨리라 믿고 살아서일까. 무뎌진 감각은 서서히 뜨거워지는 물속에서 유유자적하는 개구리처럼 어리석다. 황홀하게 붉은 석류알들이 퍼렇게 굳어버릴 수 있다는 것을 생각지도 못하였으니.

얼음이 된 사람들, 교각 아래에 석류처럼 알알이 박혀 약속이나 한 것처럼 하늘을 쳐다본다. 우크라이나의 수도 키이우의 위성도시인 이르핀의 강에 놓인 거대한 다리가 폭파되었다. 잘려서 어긋난 다리 상판밖에 지켜줄 구조물을 갖지 못한 피난민들이 거기 모여 있었다. 사람들의 얼굴은 하얗게 질려 있었다. 말을 잃은 어른들과 보채기를 잊은 아기까지 한 덩이로 얼어붙었다. 바로 여기 포탄이 날아든다면 어찌 될 것인가. 아니 미사일이 될 수도 있겠지. 밤이 되기 전 공습을 받는다면 어디에 숨을까. 얼기설기 부교를 엮어보려는데 그것도 여의치 않아 집단공황상태에 빠질 지경이다. 여기저기 널린 이웃들의 주검은 불안이라는 화마에 불을 땐다. AP통신은 이 사진에 '죽음의 다리'라는 이름을 붙여 세계에 전쟁의 포악함을 고했다.

무슨 어이없는 연상일까. 갑자기 수류탄手榴彈이 떠올랐

다. 터질 때 탄알 파편이 사방으로 퍼지는 유탄이라 석류나무 류榴 자를 쓴다는 설명을 들은 적이 있다. 전쟁터의 아픔을 보며 석류를 떠올리는 나의 불경스러움에 이마에 굵은 주름을 잡는다. 석류를 일컫는 말은 많다. 이해인은 '바람에 익힌 가장 눈부신 환희'라 하였고, 폴 발레리는 '자신의 비밀스런 구조를 꿈꾸게 하는 빛나는 파열'이라 하였다. 이 고혹적인 열매가 어쩌다 '죽음의 다리'에 모인 인파를 상징하게 되었더란 말인가. 기자와 인터뷰한 이들의 안위가 궁금하다. 로켓포 환청에 시달린다는 올렉산드르는 지금 안전할까. 전쟁해설사가 되어 부차에서의 고문과 전쟁 참상을 알리고 있는 예브게니, 전선으로 물품 보내기 자원봉사자로 활동하는 알료나는 아직도 무사할까. 기사 속 인물들 이름을 하나씩 소리 내어 불러준다.

  해마다 유월이 되면 한국전쟁을 기록한 사진들이 카톡으로 날아온다. 떼로 몰려드는 중공군의 인해전술, 눈길에 끝없는 피난민 행렬, 끊어진 철교에 매달린 사람들, 총알구멍 뚫린 철모와 그 옆에 쓰러져 죽은 어린 병사, 판자촌의 아이들, 산더미처럼 쌓인 포탄 탄피, 폐허가 된 마을의 모습은 볼 때마다 눈가에 간물을 돌린다. 휴전된 지 칠십 년이 되었다. 죽자고 일해 그럭저럭 터전을 다듬었지만 분단은 지속되고, 올해 들어 더 자주 미사일을 날려대는 북한 때문에 울렁증이 생길 지경이다. 핵무기를 뒷배로 악마군단을 부리는 러시아의 공격을 막아낼 수 있을까. 이르핀의 피난민들은 살아남을 수 있을까.

민간 시설도 아랑곳없었다. 병원이나 학교까지 폭격하고, 금지된 소이탄까지 사용되는 전쟁의 참상을 보며 세상 어떤 미담을 들이대도 인간이라는 존재에 자부심을 얹기는 어려울 것 같다. 무슨 권리로 타인의 삶을, 타인의 목숨을 제물로 삼을 수 있다는 말인가. 전쟁은 죽음의 행진이다. 인간 탐욕의 더러운 배설이다. 석류알처럼 고르게 함께 다독이며 사는 세상은 동화 속에나 있는 허구가 되어야만 하는 것일까. 무기의 전시장이 되고, 실험장이 되어버린 비극의 땅에 마지막 화염이 꺼지는 순간을 고대하며 비닐봉지에 고인 석류즙을 따른다. 붉은 음료 한 잔이 지구별이 흘린 피눈물 같다.

이르핀의 다리는 석류 껍질이다. 껍질이 뜯겨나간 석류알은 조금의 억눌림에도 터지고 마는 연약한 생명이다. 찢긴 껍질 속에서 피 흘리는 저들을 지켜낼 보호막은 과연 무엇일까. 비극의 끝을 사람들은 알면서도 몸을 사리거나 외면하기 일쑤다. 밥 딜런의 노래가 전파를 타고 있다. 달려가 볼륨을 최대로 올린다.

얼마나 많은 대포알이 날아야 Yes, how many times must the cannon balls fly / 영원히 포탄이 금지될까 Before they're forever banned

차라리 묵언

　　　　　　　　　　식물을 키우다 보면 뿌듯할 때가 많다. 내 손길에 내 눈길에 반응하는 듯 성숙해 가는 그것들은 내 기쁨의 샘이면서, 내 삶의 반려까지 그 지위를 넘보기도 한다. 어느 날 그것이 나도 모르게 댕강 잘려져 버리는 일이 생긴다면 내가 보는 세상은 어떨 것인가. 꽃댕강나무는 어쩌다 내게 밉보였는가. 고개가 갸웃거려지는 이름은 본인도 원하지 않았을 것만 같다. 소중한 꽃이 댕강 잘린다는 뜻으로 받아들여져서다. 공해에 강하고 개화 기간도 긴 꽃댕강나무를 원망하게 된 것은 내 반려 채소들이 입은 피해 때문이었다.

　출근길에 매일같이 들르는 밭이 있다. 경보하듯 비딱거

리는 바쁜 아침 시간이지만 그곳에만 가면 서성대느라 멀리 보이는 횡단보도의 푸른 신호를 서너 번이나 그냥 보내곤 한다. 교육대학교 뜰을 장악한 멋진 관상수에 비할까만 일년초 여린 식물이 일으키는 애틋함은 건조한 정서를 어루만지는 윤활유가 된다. 채식을 즐기지만 내겐 화초처럼 소중하기만 하였다. 얼마나 자랐을까. 벌레 먹지는 않았을까. 긴 가뭄 뒤에 비까지 내리니 지난 월요일 아침, 집을 나서는 마음가짐이 남달랐다.

  서둘러 우산을 폈다. 빗방울이 발등을 튕기고는 앞장을 섰다. 아침마다 내 발길을 부여잡는 손길을 떠올리니 교대 교정을 통과하는 시간이 길게만 느껴진다. 헉헉대던 나무들이 마침내 심호흡을 하고 해갈을 한다. 폭염에 잎 가장자리가 도르르 감겨버린 벚나무 잎이 말갛게 씻기고, 습기를 머금은 소나무 보굿은 온몸을 느긋하게 편다. 등교하는 교육대학교 부속초등학교 아이들이 모차르트 음악에 맞춰 우산을 흔들어 댄다. 공기도 생기가 넘치는 오늘 아침, 내 벗들은 얼마나 싱싱해졌을까. 밭 가까운 빌라에 사는 주민이 심었을 것이라 짐작해 보지만 그건 별로 중요하지 않다. 올여름부터 지금까지 나는 아침저녁으로 눈도장을 찍고 그들의 성장을 격려해 왔던 터였다.

어디로 갔을까. 교대 테니스장 바깥쪽 담벼락을 따라 폭이 너덧 뼘 되는 빈 땅을 차지하고 살던 채소들은 무슨 일을 당한 것일까. 담장 위쪽으로 이어진 쇠 그물에 마른 수세미 줄기 몇 올만 흐느적거릴 뿐 무도, 배추도, 고춧대도, 키 큰 방아도 흔적 없이 사라졌다. 대신 그 자리에 빼곡히 자리 잡은 꽃댕강나무들이 겸연쩍게 나를 본다. 플래카드 걸이가 설치된 부분까지 합쳐서 10미터 정도 되는 길이의 땅에 제법 수십 포기의 작물이 자라고 있었는데, 행정기관에서 그것들을 빼내고 조경수를 심은 모양이다. 그것들은 내가 뽑아서 어찌하고 싶은 식재료가 아니었다. 그저 볼 때마다 부족하나마 애정이 어린 눈길을 주는 벗이었는데….

씨앗 한 톨에는 우주가 들어 있다는 말이 있다. 씨앗 하나가 땅에 심겼다. 터 잡은 작은 구역을 등기하고 뿌리를 내어 터전을 일군다. 보드라운 싹이 단단한 땅을 뚫고 세상으로 나와 공기와 햇빛과 물을 한껏 받아들여 나날이 잎을 키우고 꽃을 피우고 열매를 맺는다. 세상에 쓰이고 다시 씨앗을 품어 세대를 이어갈 수 있기를 기원하며 지켜온 삶이 아닌가. 내 벗들이 성숙해질 때까지 조금 더 기다려 주었으면 좋지 않았을까. 속이 꽉 찬 배추가 되고, 굵은 무가 되고, 보랏빛 방아꽃이 씨앗을 단단하게 갈무리하도록 시간을 줄 수는 없었을까. 식물의 입장에서 보면 인간의 토지소유권이란 참으로 허무맹랑한 공수표에 불과할 터이지만 또 얼마나 두려운 것일까.

도시계획에 길든 눈을 가진 사람에게 도로변에 가꾸어진 채소밭이란 용납하기 힘든 조경이었을 수도 있으리라. 꼭 할 수밖에 없는 사정이었다면 몇 달 전에 언제 식수를 할 계획이니 채소를 가꾸지 말라는 안내판을 붙여주었더라면 어땠을까. 버려진 땅을 파서 씨를 뿌리고 물 주고 북 올리며 가꾸어 온 사람의 허탈함은 어쩌란 말인가. 아무 연고도 없지만 꽃보다 더 귀하게 마음 주던 나 같은 사람이 또 없지는 않을 텐데. 파헤쳐지는 모습을 보지 않았으니 그나마 다행이라 할까. 꽃댕강나무를 만나는 출근길은 재미가 없었다. 가지가 부러질 때 댕강 잘 부러지고, '댕강' 하는 소리가 나서 그런 이름을 얻었다는데 내 채소들이 댕강댕강 잘려나갔을 순간을 생각하니 나무 이름을 입에 올리기 힘들었다. 텃밭을 가꾸는 시골 생활을 꿈꾼 지 얼마인가. 잠시나마 도시를 벗어나고 싶었다.

하얀 들길이 눈에 들어왔다. 차를 세우고 마음이 시키는 대로 들판을 가로질러 먼 마을 쪽으로 걷기 시작하였다. 일렁이는 황금 들판보다 더 매혹적인 노란색이 어디 있을까.

풍년이다. 산들바람에 몸을 맡기고 익은 벼 이삭들은 금빛 윤슬처럼 반짝거린다. 우연한 만남은 더욱 미쁜 법인가. 개망초, 구절초, 억새, 이름 모를 잡풀까지도 차근차근 다시 들여다본다. 부지런한 농부가 논두렁, 밭두렁까지도 빼곡하게 콩을 심어두었다. 수로 옆 빈터도 잘 다듬어 콩 줄기가 내 허리께에 키를 재고, 내가 좋아하는 들깨는 넙데데한 이파리 한가득 햇살을 담아 향을 빚는다. 붉은 고추가 초록 비탈에 방점을 찍는데 들국화 몇 송이가 풀덤불에 고명을 얹는다. 자연은 지금 축제 중이다. 수로를 따라가다 조그마한 저수지를 만났다.

  수면 위에 작은 움직임이 끊임없이 이어진다. 손바닥을 위로 치켜들어 보았지만 빗방울은 아닌 듯하다. 흰 구름 몇 조각만 여유롭게 흐르는 하늘이 저수지 물속에도 들어 있다. 수포를 밀어 올리고 움직임을 만들어 내는 물 식구들이다. 연, 생이가래, 검정말도 있을 테고 그 사이를 유영하는 메기도 있을까. 낚싯대 앞에서 강태공은 시간을 잊었는지 미동도 없다. '부디 낚싯바늘 근처에는 얼씬도 말아라. 졸고 있는 낚싯대 깨우지 않게.' 물 식구를 격려하다 내가 이방인임을 깨닫는다. 저수지가 내려다뵈는 언덕에 앉아 나도 풍경 속으로 들어갔다.

내 한 몸 지구를 차지한 게 점이나 될까?
내 일생 세월에다 세워놓으면 점이라 할까?
지금은 점일지라도 금방 점도 아닐걸.

여기서는 풀잎 하나, 물풀 하나도 주인 아닌 것이 없지 않은가. 서관호 시조 「묵언」을 외며 사라진 내 벗들을 떠올린다. 점이었다가 금방 점도 아닐 사람이 가는 곳마다 주인 행세를 한다. 뽑고, 옮기고, 죽이고, 자르고, 더럽히고, 짓밟고…. 내게 미움받은 꽃댕강나무에게 미안해진다. 사람 때문이 아니고서야 댕강하고 비명 지를 일이 뭐가 있겠는가. 하릴없이 돌멩이 하나를 물에 던졌다. 개구리 한 마리가 급히 연잎에서 뛰어내린다. 여기선 내가 무례한 객이구나. 무안해져서 자리를 털고 일어섰다.

후궁나무

벼리다 다 벼리지 못한 마음 반으로 나눈 것일까. 담 안쪽 잎들은 시름시름 시들어 가는 듯 원기가 없었다. 안쓰러운 마음으로 뒤돌아섰는데 방금 안에서 본 그 나무가 담을 넘어 한 발이나 가지를 내밀고 있는 게 아닌가. 게다가 바깥을 향해 담을 넘어선 잎들은 싱싱하게 빛나고 있었다. 분명 한 나무이거늘 집 안과 담 너머는 다른 세상이었다. 내가 보기로는 한 몸인 '그리움'의 주체건만 그늘진 체념의 자리와 추구하는 소망의 자리가 공존하는 나무가 신기하지 않은가.

질문이 무성한 잎이 푸르다.
"어디에 계신가요? 어디로 가셨나요? 평안하신지요?"

마음을 앓는지 잎이 누르다.
"떠나셨군요. 저를 잊으셨군요. 외로운 뜰 안에 혼자입니다."

 이십 년 만의 속리산俗離山 여행길이다. '속세를 떠난다'는 이름 덕분인지 정이품송에서부터 발걸음이 조신해졌다. 법주사 경내를 둘러보았다. 우람한 나무들이 청청한 기운을 내뿜으며 국립공원의 위엄을 보여준다. 숲이 숨을 편하게 하니 내 불쌍한 코가 원기를 되찾는다. 알레르기가 진정되었는지 숨 쉬기에 불편함이 없고, 마음도 차분하게 자리를 잡는다. 미륵대불 앞에서 두 손을 모았다. 간혹 나처럼 메모하거나 카메라로 알림판을 찍는 이들도 보인다. 유서 깊은 이곳의 역사와 문화재의 가치에 매료된 탓일 게다. 주렁주렁 등을 매단 거대한 보리자나무를 지나 석등으로 오는데 단풍 든 담쟁이덩굴로 치장한 자연석 담장이 나타났다.
 절집과는 거리가 먼 전통 한옥이라니. 팔상전과 금동미륵불을 보고 불교문화재가 주는 감동에 푹 빠져 있었는데 뜻밖이었다. 담쟁이만큼이나 세월의 굴곡과 삶의 다채로운 빛깔을 보여주는 단풍도 드물지 않을까. 후궁의 사당이라 하였다. 위패를 이렇게 좋은 곳에 모셨다면 보내는 이의 정애가 깊었으리라. 그리 싶으면서도 곁에 두고자 함이 인지상정일 텐데 한양에서 오백 리나 되는 머나먼 산중에 보낸다는 건 이해하기 어려웠다. 혹여 벌을 받았던가. 아귀가 맞지 않아 안내문을 읽었다. '영빈 이씨'라는 이름을 읽는데 전율이 인다. 사도세자의 생모다. 수직 담장을 오르는 담쟁이보다 더 힘들게 생을 붙잡아야 했던 여인이 아닌가. 순간 담장에 몸을 걸친 나무의 정체성을 단번에 받아들이고 싶어졌다.

선희궁은 영조의 여인 중에서 가장 총애를 받았다고 한다. 궁녀의 신분으로 서른에 후궁이 되었다. 다섯 옹주와 사도세자를 낳았으니 오랜 세월을 왕과 실제적인 부부의 연을 이루었다고 할 수 있겠다. 후궁으로서 그만한 광영이 없었지만 아픔 또한 만만치 않았다. 딸 셋을 일찍 잃었고, 아들을 낳았으나 중전의 아들로 입적시켜야 했다. 백 일 만에 아들은 세자의 위엄을 세우기 위해 품계가 낮은 어미를 떠나 동궁전에 보내졌다. 어미의 아픔이 오죽하였으랴. 젖몸살에 시달리며 아들 한번 볼 수 있을까 소원하며 새운 밤이 그 얼마고, 아들이 왕이 되면 생모 대접받으리라 기대한 날이 또 얼마였으리.

 기대는 짐이었다. 영특한 왕자였지만 부왕의 엄격함은 도를 넘었고, 궁중 스카이 캐슬의 완고한 천장에 틈은 없었다. 생후 일 년 만에 세자로 책봉된 사도세자의 꽃다운 마음자리에 무거운 책임감과 변덕스러운 부왕의 눈초리, 대신들의 암투가 들어서고 말았으니. 정신은 흐트러졌고 끝내 부왕의 눈 밖에 나고 말았다. 뒤주가 웬 말이었나. 슬픈 나이, 스물여덟에 낙화가 되고 말았다. 칼에 베인 상처에 소금 문지른 듯 자지러질 아픔이여. 임오화변은 선희궁을 갉아먹었고, 결국 아들의 삼년상을 마치고 그녀는 세상을 버렸다. 남성에 종속된 여인, 신분제도에 함몰된 여성의 운명은 한 그루 나무에게도 동정을 받았으리. 숨 쉬기조차 힘들었던 세상, 후궁 제일의 장례가 무슨 위로가 되었을까.

 큼직한 자물통이 막아섰다. 살며시 들여다본 문틈 안의 세상은 단정하였다. 세월이 느껴지는 한 채의 한옥, 축담이 햇빛에 하얗게 바래고 있었다. 솟을삼문이 우아한 사당에 아픈 영혼이 깃들다 떠났구나. 떠난 자리는 저런 느낌이지. 담벼락 각진 구석에서 나무 한 그루가 담에 바투 붙어서 있었다. 저 나무, 선희궁과 소통하던 나무였을까. 온화한 다독임으로 행복하던 시절도 있었을까. 수령이 임오화

변에 못 미치지만 나는 이 나무를 선희궁이 심회를 나누고 위로하며 고통까지 품던 피붙이 같고 반려 같던 존재로 여기고 싶어졌다. 후궁나무가 오랜 세월 추억을 깁고 있었다.

자물쇠를 잡고 흔들어 본다. 내 키를 넘는 높이의 담장과, 커다란 둥근 쇠고리의 위세에 발길이 묶였다. 쇳대를 가진 자가 허락하지 않는다면 안으로 들어갈 수도, 바깥으로 나올 수도 없는 금단의 공간, 그날 그 뒤주가 그러하였으리라. 세손의 울음소리를 들으며 공포에 몸서리쳤을 사도세자의 공간인 뒤주, 자식의 죽음을 견뎌내었으나 차마 더는 살지 못하고 세상을 뜬 어미가 깃든 선희궁의 공간인 원당, 둘은 같은 아픔의 자리로 보였다. 영원히 열리지 않을 듯 견고한 문, 질서정연하게 다져 앉아 담쟁이 그물까지 얽어매고 지키는 돌담에 틈은 없었다. 그래도 공중으로 넘나든 스님의 독경 소리에 힘입어 업장을 다듬은 탓일까. 1908년 선희궁의 위패는 그리던 한양으로 돌아갔다. 경복궁 옆 칠궁으로 거처를 옮겼다.

하얗게 질린 얼굴을 본 적이 있다. 금지옥엽 키운 딸이 고층 아파트 옥상에서 뛰어내려 차가운 땅 위에 누운 것을 본 날, 그 아이 엄마의 얼굴이 그랬다. 급속히 멍해지는 그 모습을 보고 내 입에서 탄식이 흘러나왔다. 어떤 사정이었는지 몰라도 목이 막혀 말 못 하고, 성대가 일시에 굳어 쭈그러져 내리는 육신을 본 날, 삶은 지옥이라 할 만했다. 그런 참변을 듣고도 선희궁은 어느 정도 의연하였다고 전한다. 그녀도 후궁나무였을까. 속으로는 시들고 비틀어져 쪼그라들고 구멍 숭숭한 잎을 달고도, 밖으로는 아들의 명복을 비는 대임을 수행할 꿋꿋한 푸른 잎을 내보여야 하였으니. 그녀에게 필요한 시간은 삼 년이었다. 죽은 아들의 업장 소멸을 비는 삼 년을 그녀는 그렇게 살아내고, 아들 곁으로 갔다.

담을 벗어난 나뭇가지에 흰 구름이 걸린다. 선희궁은 스스로 남편을 찾아 세자를 벌주어야 한다고 아뢰었다. 결단을 내릴 수밖에 없었던 여인의 생살을 뜯어내는 아픔이 아직 뭉쳐 있는 것인가. 손자를 위한다지만, 종사를 위한다지만 어찌 내 아들을…. 며느리인 혜경궁 홍씨가 기록한 한중록에는 선희궁이 죽기 전 기록이 없다고 한다. 일기였으니 시어머니의 병고나 문병에 대한 기록이 있는 것이 당연하지 싶은데 후세 사람들은 정황상 다만 짐작할 따름이다. 갑작스러운 조용한 죽음, 본인에게는 예고되거나 계획한 것이 아니었을지. 영조는 그 아픔을 헤아렸기에 평생을 함께한 이 여인을 법주사로 보냈을까. 이승에서 겪은 참혹한 고통을 이곳에서 잠재우기를 기대하였을까. 손자 정조의 첫 윤음이 "나는 사도세자의 아들이다."라고 했다던데 그녀는 그 말을 전해 들었을까.

  온전히 싱싱해진 후궁나무와의 해후를 그린다. 담 밖은 생동하는 햇살이 넘쳐나고, 담 안은 눅눅한 그리움이 가득하다. 잊힌 장소, 원당의 자물쇠를 따고 굳게 닫힌 대문을 열어젖힐 수는 없을까. 낭랑한 독경 소리가 번민을 걷어낸다.

마부니의 눈물

　　　　　　　　　　마부니 언덕에 바람이 분다. 오키나와 인들의 삶터인 고요한 동중국해가 오후의 햇빛을 받아 코발트 빛으로 반짝이는데 해변을 때리는 파도는 울음을 그치지 않는다. 부서지고 또 부서지는 파도에 눈길을 준다. 언제쯤 쉴 수 있으려나. 짠한 마음으로 뒤돌아선다. 오키나와 평화공원을 찾아온 길이다.

　나무 한 그루가 뿌리째 뽑혀 누워 있었다. 이름이 용수라 하였다. 찾아보니 뽕나뭇과의 상록교목이란다. 내가 아프게 바라본 파란 바다로 우듬지를 향한 채 땅바닥에 자빠뜨려진 위태한 모습이 안쓰럽기 그지없다. 뿌리가 어설프게 끊어지고 흙덩이를 품지 못한 것으로 봐서 옮겨 심고자 곱게 뽑은 것은 아닌 듯하다. 푸른 잎이 무성한 가지 사이에 우람한 봉을 다섯 개나 격자로 꽂은 채 우지끈 뚝딱 넘어질 때 이리저리 부러지고 찢긴 가지와 지주가 그때의 참혹함을 짐작하게 한다. 공중뿌리를 내려 은혜롭게 그늘을 만드는 나무, 장대한 용수의 처참한 모습이 내 발길을 묶었다.

평화공원이라 그런가. 눈 돌리는 곳마다 '平和'라는 글자가 즐비하다. 그래도 전범국 일본의 입에서 '평화'라는 말을 듣는 것은 여전히 어색하다. 자료관의 내용만 봐도 전쟁의 참상만 설명할 뿐 책임이나 반성은 찾기 어렵다. 체험학습 온 일본인 학생이 스크린 앞에서 눈물을 흘린다. 절벽에서 서슴없이 몸을 날리는 선조들의 자살행렬을 보며 울먹이는 저 아이가 가슴에 안고 가는 것은 과연 무엇일까. 피해국 대한의 딸인 내가 오늘 그 모습을 지켜본다. 입술을 지그시 감쳐문다. 일본의 오랜 역사 왜곡 교육이 결실을 보는 것일까.

33회 파리 올림픽 탁구 동메달 결정전은 치열한 한일전이었다. 승리한 일본 선수는 귀국 기자회견에서 가고시마에 있는 '치란특공 평화회관'에 가서 그 뜻을 기리고 싶다고 말하였다. 가미가제특공대를 기리는 장소다. 한국 선수가 패배의 아픔을 누르고 자신을 축하하며 스포츠 정신을 보여줄 때, 24살 일본 선수의 마음에 자리 잡은 군국주의의 망령은 숭배되고, 정신적 지주 역할을 하는구나 싶었다. 탐욕 때문에 전쟁을 일으킨 그 엄청난 죄에 눈감고, 수시로 역사 왜곡에 나서는 일본 정부는 어떤 결과를 기대하는 것일까. 평화헌법의 개정을 주장하던 일본의 아베 신조 전 수상은 어떠하였나. 그는 A급 전범의 외손자로 야스쿠니 신사를 참배하고 일본의 우경화를 주도하였다. 그들이 쓰는 '평화'라는 말이 공중을 떠도는 망자의 혼을 어찌 위로할 수 있을까.

'평화의 비' 구역으로 다시 내려갔다. 오늘 일정을 줄이고 아까 찾지 못했던 조선 희생자의 비를 찾기로 했다. 억지로 뿌리 뽑혀 버려진 용수처럼 억울하게 스러져 간 영혼들의 이름 앞에 묵념을 드리고 싶었다. 24만 명이나 되는 이름이 나를 기다리고 있었다. 가해자도 희생자도 한자리에 누웠다. 따지고 보면 그 가해자도 잘못된 지도자의 희생자인 셈이겠다. 펼친 책 모양으로 일정하게 세워진 검은 비석들을 하나씩 훑어나가느라 지쳐갈 즈음, 뒤편 외곽에서 우리 비를 찾았다. 일만 명이 희생되었다는데 어이없게도 한글로 새겨진 이름은 겨우 대한민국 380분, 북한 82분이었다.

모두 대한의 자식이었건만 어찌 누구는 '대한민국'으로, 또 누구는 '조선민주주의인민공화국'으로 분류되어 딴 자리에 누웠는가. 한숨을 누르며 비석을 닦았다.

밤에는 시체를 밟지 않기 위해 지팡이를 짚고 걸었다던가. 1945년 4월, 미군은 '철의 폭풍' 작전을 개시한다. 일본 땅에서 유일하게 벌인 지상전인 오키나와 전투에서 3개월이란 짧은 기간에 20만 명이 희생되었다. 대부분 오키나와인으로 이는 인구의 1/3에 해당하는 숫자였다. 일본군은 이 전투가 단지 본토 공격을 늦추기 위해 시간을 끌려는 작전임을 알고 있었다. 막판에 군부는 포로가 되면 미군이 참혹하게 죽인다는 유언비어를 퍼뜨렸고, 이에 수많은 일반인과 군인들이 동굴 속에서 전원 자결하였다고 한다. 과연 누구를 위한 전쟁이었나. 자국민조차 보호하지 않는 그들의 정신세계를 어찌 이해해야 할까. 지상전을 하다가는 백만이 넘는 미군의 희생이 따르리라는 계산하에 미국은 원폭 공격을 결정하게 된다. "모진 놈 옆에 있다 벼락 맞는다."라는 속담이 있다. 강제 징집과 징용으로 끌려간 조선인들, 정신대로 끌려간 우리 딸들의 넋이 이 하늘 아래 아직도 떠돈다.

한국인 위령탑은 신라의 고분마냥 둥근 산 모양이다. 큰 돌을 쌓아 원만한 구조물을 만들고 가장자리에 우리나라 팔도에서 가져온 돌을 늘어세웠다. 태평양 전쟁 당시에 일본학도병 지휘관으로 참전했던 후지키 쇼겐이 조선학도병 740인의 유골을 직접 수습하여 레슬러 역도산과 함께 12년간 모금을 했고, 1975년 청와대의 도움을 받아 조성했다고 한다. 이곳에 온 한국의 대통령이 눈물을 뿌리며 힘을 보태어 영령들을 위로하고자 했으니 그 심사가 오죽하였을까. 박정희 대통령이 힘 있게 눌러쓴 비명碑銘에 한민족의 울분과 결기가 얹혔다. 조그마한 추모 광장 바닥에 새겨진 화살표가 두고 온 고향, 한반도를 가리킨다.

> 민단이 관리하는 이곳은 한국령이오니 위령탑에도 비문에도 오르지 못한 영혼들이여, 부디 편히 쉬소서.

안내문에 가슴이 저릿하였다.

용수를 직접 본 건 처음이다. 가지에서 기근을 내려서 땅에 닿으면 그것이 지주근이 되는 신기한 나무다. 한 그루가 오랜 세월이 지나면 숲을 이룬다는 말이 있을 정도로 생명력이 강하다고 한다. 두렵기만 하던 적국 먼 섬에 끌려와 죽어서도 이름 하나 남기지 못한 채 원수의 땅을 떠나지 못하는 조선인을 뿌리 잘린 용수라 할까. 꽃 한 송이, 술 한 잔 올리지 못함을 못내 아쉬워하며 무연히 바다를 보았다. 가파른 절벽 아래 바다가 운다.

  용수 이파리를 한 줌 땄다. 난간 위로 몸을 기울여 바다로 날려 보냈다. 한 줌, 또 한 줌…. 우리나라 방향인지는 알지 못했으나 그저 날려 보냈다. 푸른 잎은 마부니의 눈물을 싣고 날고 또 날았다.

척촉*

홍역이다. 저 붉은 발진을 터뜨리기까지 얼마나 가려웠을까. 기다리고 기다리다 기대가 미움이 되고, 미움이 슬픔이 되고, 슬픔이 울화가 되어 마침내 통문을 돌리지 않고도 한꺼번에 풀어놓아 버린 역정이 붉게 타고 있다. 열꽃이 입을 벌리고 숨을 쉰다. 삶과 죽음을 오가는 영혼의 풀림 속에 온 산이 산통을 지켜보는 지아비처럼 헛기침을 한다. 황홀한 고뇌와 안타까움이 누에고치의 실오리처럼 풀려나간다. 드디어 심호흡을 하고 울화통을 다 터뜨리고 나면

---

* 척촉(躑躅): 철쭉의 다른 이름

온 산 가득 붉은 기운으로 축제를 시작한다.

　나는 황매평전을 내려다보며 숨을 죽인다. 처음 대면하였을 때 핏빛으로 일렁이던 꽃 무리를 보며 떠올렸던 '아우성'이라는 낱말이 오늘도 고개를 든다. 베틀재, 철쭉제단, 모산재 곳곳마다 침묵의 함성을 질러대던 그날의 첫인상으로 인해 해마다 사월을 지나 오월이 오면 황매산 산철쭉이 보고 싶어 안달이 났다. 갈 때마다 다르게 느껴지는 팔만여 평을 뒤덮은 붉은 꽃 태깔이 올해는 어떨지 궁금하였다. 그들 속에서 나도 붉게 물들고 싶었다. 산불처럼 이는 열정으로 카메라를 손보고, 하던 일 제쳐두고 차를 몰았다.

　척촉을 본다. 겨울은 참으로 길고도 혹독하였지. 언제나 물이 돌까. 원활치 못한 수액의 흐름이 못내 아쉬웠으리. 배배 틀린 가지의 모양새며 키가 지난해와 별반 차이가 없다. 지난여름과 가을에 저장한 영양만으로는 생명을 유지할 정도의 소찬밖에 차리지 못하였나 보다. 얄팍한 햇살로는 몸 구석구석을 따뜻이 감쌀 수도 없었을 터이지. 헛헛한 기운을 추스르고자 안간힘을 쓴 흔적이 줄기에 굳은살로 앉았다. 버석댈 것만 같은 피부 아래 아른대는 물색이 소녀의 가느다란 팔목에 도드라진 정맥처럼 서럽다.

　한차례 바람이 인다. 흔들리는 철쭉들. 어디서 보았더라.

봉긋한 꽃잎 속에 붉은 꽃술을 치켜세운 그것은 일순 수많은 촛불이 된다. 촛불은 약한 바람에 꺼지면서도 여럿이 모이면 온 세상을 채운다. 어둠 속에서도 빛을 잃지 않고 새벽을 기다리는 불꽃. 자신의 몸을 살라 주위를 밝게 비추는 촛불을 지켜보는 사람들 모두 숙연한 추모의 행렬 속에 함께 있었다. 꽃불이 광장을 뒤덮고 흔들리는 불빛 속에 사람들의 눈빛도 일렁인다. 분노를 안고 모인 군중들이 소리를 줄이고 이윽고 침묵하며 불빛의 움직임 속에 마음을 담는 시간. 간절한 소망이 모여 촛불은 꽃불을 피우고 불꽃이 되었다.

척촉은 '머뭇거리다'라는 뜻을 가진 한자어다. 독성이 있어 염소가 먹고 비척거리는 모양을 나타낸 말이라고도 하고, 너무 예뻐서 길 가던 나그네의 발걸음을 멈추게 한다고 해서 붙여진 이름이라고도 한다. 꽃말이 '사랑의 기쁨'이니 두 번째 견해가 맞다고 보는 사람이 많을 것 같다. 하지만 주인공인 꽃의 입장에서 본다면 그리 적절하지 않은 듯하다. 오히려 나는 더디게 펼쳐낸 힘든 척촉의 삶에 의미를 두고 싶다.

잎이 피기도 전에 기다렸다는 듯이 사촌뻘 되는 진달래는 꽃망울을 피웠다. 참꽃이란 애칭도 얻었다. 겨우내 기다린 등산객들의 사랑을 먼저 독차지한 진달래가 얼마나 부러웠을까. 진달래에 이어서 핀다고 붙여진 '연달래'란 별칭은 철쭉에게는 상처가 되지 싶다. 머뭇거릴 수밖에 없는 태생적 한계가 한이 되어 수액이 모여 끈끈한 독물로 고이고 말았을까. 먹을 수 없다고 '개꽃'으로 불리는 수모도 견뎌내고 삶의 정기를 모아 늦으나마 꽃을 피웠다. 꽃 속을 들여다보니 화관 위쪽 내부에 숨길 수 없는 고뇌의 흔적이 여러 점 검버섯이 되고 말았구나. 보풀보풀한 꽃 솜으로 이불을 지어 너르게 펴놓은 꽃 침상인 양 황매평전의 오늘은 아름답다.

아직은 철쭉의 숨소리가 가쁜 듯하다. 온 세상에 생명의 소리가 넘치는 유월이 오면 분노의 열꽃을 삭인 씨방이 봉긋해지리라. 씨앗을 잉태한 철쭉의 붉은 꽃잎은 시들어서도 편하게 쉴 수 있겠지. 꽃송이마다 안정된 눈빛으로 서로를 돌아보고 격려의 미소를 짓지 않을까. 삶은 그런 것이지. 열정이 식어도 그 열정이 키워낸 성숙은 열매라는 보상을 남긴다. 꽃이 피었든 시들었든 그런 것은 중요하지 않을 것 같다. 진정 아름다운 것은 자신의 역할 그대로 충실하게 익어가는 것일 테니.

잊어야 하리. 촛불이 평화롭게 일렁이듯, 시위가 경건한 기대로 가득 차듯, 고귀한 의식만을 간직한 채 분노도 폭력도, 미움도 질시도 버리고 눈물처럼 순결한 목표로 모두 생각을 모으듯, 척촉, 그대도 잊어야 하리. 철쭉제를 지내는 사람들의 마음속에 안온한 꿈을 심을 수 있는 것은 격정을 넘어온 그대가 보여주는 분홍빛 우아함과 아릿한 향기 덕분임을 아는가. 척박한 땅에 뿌리를 박고 해마다 꽃을 피우고 잎을 떨어뜨리며 메마른 흙에 촉촉한 생명의 기운을 돌린 너에게 사람들은 술잔을 권한다.

 씨방 속에 희망을 담아둔 꽃은 시신조차 아름답다. 신록으로 영그는 꿈, 씨를 퍼뜨리는 열망, 덤불 속에서 더 높이 자라 더 멀리 바라보고픈 기대를 버리지 않는 깨어 있는 의식을 철쭉에게서 본다. 누가 누구를 지켜보는 것일까. 머뭇대는 사람들이 오히려 꽃이 된다. 척촉의 세상에서 다혈질의 내가 꼬리를 내린다.

현고수

언젠간 현고수賢枯樹라 불릴 수 있을까. 우리 아파트 느티나무들이 오늘따라 초록이 유난하다. 앙상한 나뭇가지에 푸른 물이 돌고 연둣빛 점점이 앳된 잎들이 선을 뵈더니 어느새 무거울 정도로 잎을 이고 있다. 나무는 생명체 가운데서 늙어갈수록 더욱 아름다워지는 존재라 하지. 대도시에서 숨구멍을 틔워주는 나무의 초록이 아니라면 어디서 마음의 위안을 얻을까.

아파트가 지어진 지 사십 년이 다 되었으니 우리 아파트 느티나무의 나이는 오십 살은 넘었지 싶다. 5동 야외주차장과 놀이터 사이에 다섯 그루가 떡 버티고 서서 경계선 역할을 맡고 있다. 내가 사는 십 층에서 내려다보는 아파트 야외주차장은 푸른 잎으로 덮였고, 주차한 차들은 그 아래서 휴식을 취하고 있다. 베란다에 작은 테이블을 두고, 나날이 변해가는 금정산을 보거나, 우중 정취를 맛보려고 거기서 차를 마신다. 온갖 나무들이 녹색 한 색깔로 통일된 유월에 주차장과 놀이터 사이 느티나무들은 우리 동의 주인인 듯 의젓하였다. 며칠 전 문학기행에서 만난 장엄한 느티나무가 떠올랐다.

  신령해 보이는 고목이었다. 일행은 의령 유곡면 세간리에서 만난 천연기념물 제43호인 느티나무 앞에서 옷깃을 바로잡았다. 수형이 ㄱ 자로 굽은 이 거대한 나무는 현고수懸鼓樹, 북을 매던 나무라는 이름표를 달고 있었다. 임진왜란 때 곽재우 장군이 전국 최초로 의병을 모아 훈련시킬 때 이 나무에 북을 매달아 놓고 쳤다고 한다. 수령 550년, 높이 15미터, 둘레가 7미터나 되는 느티나무가 다섯 개나 되는 거대한 지주목에 의지하고, 둥치에 엄청난 외과수술 흉터를 안고도 푸르른 기상이 하늘을 찔렀다. 현고수가 600년 가까이 지켜온 나라에서 천 년을 내다보는 듯하였다. 수북한 잎겨드랑이에서 병사들의 함성이 들리는 것 같아 가슴이 뿌듯하였다.

처음에 지도에서 현고수란 이름을 보았을 때, 어질고 현명한 덕을 기리는 이름인가 싶었다. 사람으로 치자면 널리 베풀거나 어려움에 처한 마을을 구한 지혜로운 이를 떠올렸다. 느티나무의 덕을 헤아려 보면 아낌없이 주는 나무라는 생각이 든다. 새잎은 떡에 넣거나 나물로 먹기도 하고, 자라면 새와 벌레와 개미가 깃든다. 가지 빠진 구멍에 다람쥐가 굴을 만들고, 거미도 그물을 엮는다. 방학이면 동네 아이들이 진을 치던 큰집 동네 대왕 느티나무에는 뱀이 나타나기도 하였다. 목재는 고급한 수종으로 건축재나 가구재로 쓰이며, 그루터기는 괴목 테이블이라 하여 귀한 대접을 받는다. 내가 아끼는 거실 테이블도 느티나무로 만든 것이다. 선명한 나이테가 아름답고 상판 두께가 10센티미터가 넘는데 가끔 집 안에서 나무의 정기를 느끼고 싶을 때 올라가 한숨 자기도 한다.

동네 입구나 마을 가운데 있는 느티나무는 정자나무로 불렸다. 키가 크고 사방으로 고루 가지를 너르게 펼쳐서 넉넉한 그늘을 이루고 잎이 무성하여 짙은 그늘을 만든다. 삼백년 된 느티나무의 이파리 수가 오백만 개나 된다는 자료를 읽은 적이 있다. 그 그늘에 동네 사람들은 평상을 펼치고, 혹은 정자를 지어 쉼터를 만들었다. 동네 쉼터고, 상담실이며 합동 일터가 되기도 하고 나그네에 보시하는 베풂의 장소가 되기도 하였다. 주말에 시골에 홀로 계신 어머니께 가면 주변 동네로 마실을 간다. 우리 동네 걷는 것을 별로 좋아하지 않는 어머니를 모시고 이웃 동네를 순례한다. 낯선 동네 입구에 선 정자나무 아래서 쉬기도 하고, 그 곁에 마련된 정자에 올라 잠시 졸기도 한다. 희미해진 어머니의 기억에서 느티나무 정자 그늘의 지난날을 끄집어 내는 것은 불가능해도 그 그늘에서 익숙한 정취를 느끼시는 것일까, 어머니는 편안한 표정으로 한참을 머무르고자 하신다.

현고수를 보고 부산으로 돌아오는 길이었다. 조용하던 대절버스가 갑자기 술렁거렸다. "의령에서 부산 가는데 대구가 웬 말이지? 기사 양반, 이거는 아닌데요.", "불금이라 안 막히는 길 찾아가는 중입니다. 40분이면 도착합니다." "내가 내비게이션 찾아보니 2시간 반이나 걸린다는데….", "아차, 이거 아니네. 기사가 초보 같은데 길을 잘못 들었네." 여기저기 웅성거리던 불만 가득한 목소리가 멈췄다. "기사가 안전 운행해야 하니, 다들 조용히 갑시다." 순식간에 좌중을 조용하게 만드는 점잖은 저 목소리는 뭔가. 결국 대구로 가고 말았다.

젊은 여자 기사가 휴게소에서 머리를 조아리며 자기가

저녁을 사겠다고 제의했지만 모두들 부산에 예약이 되어 있다며 거절하였다. 기사의 보수가 얼마나 될 것인가. 또 준비 다 해놓고 기다릴 식당 사장은 얼마나 황당할까. 오는 동안 함께 노래도 하고, 각자의 전문 분야를 살려 강의도 해가며 마음을 모았다. 헤어지며 기사를 격려해 주었다. 그리고 버스회사 측에 책임을 물을 것인지를 의논하였지만 모두들 고개를 저었다. "기사가 제일 힘들었을 거야.", "그 기사 생계가 걸린 문제니 그냥 넘어갑시다." 다음 날 회사에 기사가 이야기를 했던지 사장이 전화를 해왔다. 괜찮다고, 기사가 그것 말고는 잘했으니 불이익을 주지 말라고 당부하고 마무리를 지었다.

현고수賢枯樹는 우리 문학회 회원들이 아닐까 싶었다. 회원들은 대부분 일흔이 넘은 작가들이었다. 궁의 상황에서도 의젓하게 어려움을 헤쳐 나가는 지혜는 세월을 허투루 살지 않았던 그분들의 지나온 삶의 궤적에서 비롯된 것일 터이다. 모두들 사회에서 중요한 임무를 수행했고 공적을 쌓았던 분들이건만 티를 내지 않는 모습에 저절로 고개가 숙였다. 수많은 생명을 끌어안는 어머니 나무처럼 배려하는 말씀들이 의령에서 보고 온 현고수의 북소리처럼 의젓하였다. 고독하게 고속도로의 어둠 속을 헤매던 버스의 앞길을 밝혀주던 가로등처럼, 전조등처럼 인향이 그 밤을 밝혔다.
 나의 노년은 어떤 모습일까. 느긋하고 늠름한 느티나무 사람들 사이에서 그들의 우듬지를 올려다보았다.

CHAPTER 2
숲의 인문학

삶은 이렇게 살아내는 것이라 일러주는 현명한 노인의 이야기를 들을 수 있는 곳, 원시에서 옮겨온 듯 신령한 기운까지 뿜는 고목의 군락지는 내 영혼의 휴식처였다.

아까시

한 점 핏방울이 이토록 붉을 수 있을까. 아까시 어린 포기를 잡아 빼려고 용을 쓰다가 손가락에 얹힌 선홍 핏방울을 본다. '번식력이 강해서 금방 퍼진다는데…' 한 부분에 흙이 드러난 아버지의 봉분은 사초를 해야 할 듯하다. 내 아버지는 붉은 피였지. 손가락의 아픔보다 더 가열하게 찔러대는 기억 때문에 눈이 시리다.

벌초를 했다는 남동생이 야속하다. 좀 더 깔끔하게 할 순 없었을까. 저녁 무렵에 올라왔다가 금세 산중의 어둠에 쫓겨 내려오고 말았다고 어머니가 동생 대신 변명을 흘리신다. 한번 자리 잡으면 캐내기도 힘들어 미리 제거해야만 마음 놓고 봉분을 쓸 수 있다고 하시던 아버지의 당부를 잊었단 말인가. 제대로 벌초 한번 못 해드린 딸자식이 무슨 할 말이 있으랴. 그래도 봉분 주변 멀찍이 말끔하게 빗겨놓지 못한 게 아쉬워 툴툴거리려는 혀 단속에 애가 터진다.

매섭게 가시의 날을 세운 나무이기에 성대를 쥐어짜며 내는 짜증 실린 '아까시'라는 이름이 표준어로 정해진 것은 참으로 적절한 처사인 것 같다. 바람 향내 같은 '아카시아'라는 이름은 구름 같은 꽃무리만 떠올리게 하기에 좀 과하다 싶다. 예전에는 익숙한 이름이었어도 말이다. 여기저기 아까시 어린 포기들이 당신의 보금자리를 엿보고 있는 오늘의 위태로운 형상을 예견하셨던 것일까. 아버지께 죄송한 마음이 들어 손가락의 아픔은 뒷전이 되고 나는 거듭 아까시를 잡아챈다.

아버지는 큰 산이었다. 낙천적이고 마음 씀씀이가 푸져서 평판이 좋았다. 당신의 호방한 웃음소리를 들으면 매사에 안심이 되었다. 넉넉하지 않은 살림이었지만 아버지와 어머니가 도란도란 계획을 세우는 밤이면 나는 열심히 귀를 기울였다. 큰 뜻을 품고 칩거 중인 강태공인 양 당신이 마음만 먹으면 되지 않는 일이 없을 거라고 나는 믿었다. 운명은 왜 늘 뒤통수를 치는 것일까. 사태를 예고하는 산의 음울한 신음을 듣게 될 줄 누가 알았으랴.

무사히 오십 대를 맞지 못하고 아버지는 날카로운 바늘방석에 앉고 말았다. 꼿꼿하던 육신은 조금씩 무너져 눈빛만 형형해졌고, 몸이 쇠약해지는 것과 신경이 곤두서는 것은 비례관계를 이루었다. 맹렬하게 쏟아대는 병균 때문에 반듯하던 정신의 동아줄이 여기저기 너덜대고 있었다. 아버지는 팽팽하게 당겨진 활시위가 되어버렸다. 본인으로 인해 가솔들이 겪는 고난을 지켜보아야 하는 가장의 고통은 화살촉에 고정되어 있었다. 그 모습을 지켜보는 가족들의 터도 차츰 황폐해졌다.

아버지는 내 마음속에서 아우성치는 웅덩이가 되었다. 작은 자극에도 철벙철벙 파열음을 내며 무쇠솥에서 튀는 쇳물처럼 흔들리는 물구덩이가 되어 내 생각을 지배했다. 발밑이 늘 허전하였다. 기도하는 버릇이 생겼다. 아버지가 이승의 삶을 접고 삼십 년을 넘긴 지금까지도 메워지지 못한 이 웅덩이를 어찌해야 할까. 날을 세우며 덤벼드는 진저리 치는 기억들을 떠나보내고 싶다. 폐결핵이란 병은 사춘기 시절에 소설 속에서 보던 낭만적인 아픔하고는 너무나 거리가 멀었다. 형극의 고통을 겪었던 내 아버지 곁에 어찌 아까시 덤불을 둔단 말인가. 피가 나도록 줄기를 잡아챘다.

막내 여동생네에서 젊은 아버지를 보았다. 낡은 흑백사진을 확대한 것이지만 사진틀 속 아버지의 이목구비는 영화배우 못지않게 수려하다. 그 애는 본 적도 없는 사진 속의 젊은 아버지를 마음에 담고 사는가 보다. 너럭바위 같은 아버지 무릎에 한 번도 앉아보지 못하고 열 살 무렵에 떠나보낸 아버지를 그리는 그 애의 서러움은 어느 정도일까. 늦둥이로 태어난 막내에게 해가 갈까 봐 선뜻 손 뻗어 어르지 못한 아버지의 멍든 심사는 또 얼마나 검푸르랴.

아버지는 말라가는 풀꽃이었다. 대나무 평상에 앉아 땅거미 지는 들판 저편을 물끄러미 건너다보곤 하셨다. 동생들은 아버지께 가까이 가지는 않더라도 그 주변을 맴돌며 놀 때가 많았다. 아버지가 격하게 쿨럭거리시면 어머니는 날쌔게 달려 나와 동생들을 집 안으로 쫓아 넣으셨다. 화단에 핀 샐비어만 보아도 아버지가 입가를 눌러댄 무명 손수건 같아 고개를 돌려야 하는 시간이 시작되었다. 꽃송이를 따서 꼭지를 쪽 빨아 먹던 어릴 적 추억이 떠오를 때도 흠칫 놀랄 정도로 붉은 피가 두려웠던 시간 속에서 가족 모두가 생기를 잃어가지 않았던가. 우리가 빨강의 충격을 벗어나는 데는 무척 오랜 시간이 걸렸다.

내 마음속 아버지는 수척하다. 대학생이 된 이후로 아버지가 안아주신 적이 딱 한 번 있었다. 책상에 엎드려 잠든 내 머리를 쓰다듬으며 "녀석, 많이 커버렸네에." 하며 절망을 내보이지 않으려고 아버지는 안간힘을 썼다. 하지만 꼬리 긴 감탄사의 낮은 울림이 가슴을 짓눌렀다. 감은 눈에 눈물이 넘쳐 한참을 숨도 제대로 못 쉬고 나는 모른 척하였다. 가슴뼈가 조여오는 고통조차 내색할 수 없었다. 죽음 같은 고요 속에 아버지나 나나 불행의 끝자락에 휘감겨 들어갔다. 병고에 허덕이는 당신을 푸른 하늘 쪽으로 힘껏 밀어 올려드리고 싶다는 생각으로 나는 온갖 신을 떠올렸다.

어머니가 맨손으로 흙을 다독이신다. ㄱ 자로 굽은 허리가 산소 돌보기에는 맞춤인가. 아버지의 술 시중을 그렇게 싫어하시더니 오늘은 넘치도록 따라 골고루 뿌리신다. "자식 손자들이 다 왔소. 오늘이 젤 좋은 날이제." 손마디마다 원망 서렸던 그 시절을 어찌 잊을 수 있을까. 행여 어린 자식들이 전염될까 싶어 어머니는 늘 선잠을 주무셨다. 매일같이 병객의 옷이며 식기들을 소독하고 삶아내며 자식들을 지켜내리라 입술을 깨물던 어머니의 뒤틀린 손마디가 아프다. 가녀린 어깨에 가난과 철없는 네 자식을 업고 버티느라 어머니는 허리가 굽었다. 살림만 하던 아낙에게 지워진 처절한 붉은 멍에는 삽시간에 모든 것을 변화시켰다. 생계까지 책임져야 했던 어머니의 고생은 오십 줄에 완성되어 버린 백발에 숨어 있다.

어머니는 한동안 먼발치로 산자락만 올려다보았다. 십 년 수발에도 소용없이 먼저 간 지아비가 원망스러워 아버지가 돌아가신 후에도 상처를 벗어날 수 없었다. 아버지의 장례식 날, 어머니는 화장하여 산에 뿌리겠다고, 봉분을 만들지 않겠다고 완강하게 주장하셨다. 하지만 결국 눈물로 호소하는 자식들 뜻대로 하라며 돌아앉으셨다. 세월이 잉크 자국을 바래게 하듯 어머니 마음속의 원망도 퇴색되었을까. 언제부턴가 어머니는 못 이기는 척 운동을 핑계 삼아 산소에 걸음 하셨다. 나이가 들수록 다정했던 추억은 더 생생하게 떠오르고 연민은 짙어지는 법이라 그런지 더러는 아버지 이야기를 하기도 하셨지만, 이제는 기억을 잃어가고 다리도 약해져서 원망도 상처도 함께 잊으셨다.

가시들이 누웠다. 뽑혀 나온 아까시 줄기들이 기운 없이 늘어져 있다. 둥치에 비해 보잘것없는 뿌리 탓이다. 바람에 약한 아까시가 아버지의 모습과 무엇이 다르단 말인가. 항거의 몸짓이듯 날카로운 가시를 지녔으면서도 죽음의 요구에 저항하지 못하고 순순히 목숨을 내어준 아버지는 아까시였다. 아까시 가녀린 가지에 매달려 있던 우리들이 땅에 내

동댕이쳐진 순간, 모든 것은 달라지지 않았던가. 아들 녀석이 얼굴도 뵙지 못한 외할아버지 봉분을 돌며 술을 뿌린다.

"아버지처럼 아까시가 되지 않을 거예요. 지심 깊이 뿌리내려 저 아이와 내 삶을 지켜낼 겁니다."

내 입에서 결심의 말이 절로 흘러나왔다.
아까시에 찔린 손가락을 본다. 상처는 흔적을 남겼지만 새살이 돋은 그 자리에 다시 상처 입는 일은 없을 것이다. 피가 멎었다.

어엽비를 만나다

　　　　　　　　　태어날 때부터 네 이름은 단풍이었지. 올려다본 단풍나무 가지 사이로 하늘이 보였다. 차가운 물빛 여백이 철학적이다. 가을의 끝자리, 아울러 겨울의 초입에 아파트 앞뜰에 나왔다. 내 생의 버킷리스트를 작성해 볼까. 모건 프리먼과 잭 니컬슨이 주연한 영화 「버킷리스트」를 보고 나온 길이라 생각이 많아진다. 세상을 떠나는 순간까지 자신의 삶을 소중히 다루는 자세는 어떤 것일까. 벤치에 앉은 내 무릎 위로 팔랑이며 단풍잎 하나가 내려앉았다. 내게 쏟아진 축복 같았던 단풍잎들의 낙하가 떠올랐다.

　늦가을의 창녕에서였다. 어렵게 찾아간 고가에는 단풍나

무가 여러 그루 서 있었다. 나는 달력의 그림 속에 들어간 것처럼 초대받은 풍경 속의 주인공이 되었다. 색다른 빗속에서 특별한 비를 맞았다. 『추락하는 것은 날개가 있다』는 이문열의 소설을 나는 매력적인 제목으로만 기억하고 있었다. 차가운 바람이 한차례 일고, 우수수 떨어지는 낙엽들은 예전에 본 빗줄기들처럼 수직으로 내리꽂히거나 한시바삐 땅에 떨어지고자 서두르지 않았다. 마지막 비행을 하는 그들의 몸짓은 처연하기까지 하였다. 바람에 몸을 얹고 놀이기구를 탄 듯 가볍게 흔들리는 부러운 여유로움이여. 그런 빠름과 느림의 조화를 나도 따라 할 수 있다면 삶은 예술일 터이지. 내려앉는다. 내 어깨 위에도, 내가 서 있는 고택의 뜰에도, 장독대에도, 기와지붕에도, 나무의 발치에도…. 구른다. 바람을 타고 흥마당을 펼친다.

마른 가지에 기적처럼 눈을 틔웠다. 봄볕에 몸을 말리며 초록 향연을 준비하고, 부지런히 세를 불렸다. 사람도 새도 고물대는 벌레들까지도 식구였어. 찬비도 모래바람도 가려주고, 엽록소를 끊임없이 먹여 열매를 익혔지. 다음 세대를 준비하고 나서 돌아보니 잎맥조차 생기를 잃었어. 떠날 일만 남았지만 할 일이 있어. 온몸의 정기를 불러 모아 다시 한번 생명의 옷을 입어보려네. 꼬맹이들 빨간 활동복 색깔,

새색시 치마 같은 감홍색, 세월을 다 아는 듯 점잖은 다갈색…. 오늘, 날리는 악보의 오선지 속 춤추는 음표처럼 맑은 공기 속으로 흩날린다. 땅 위에 눕는 순간까지도 삶은 아름다운 것이었다고 몸짓으로 말하는 고귀한 잎들이여. 나는 낙엽비를 '어엽비'라 이름 짓는다.

　언제가 떨어져야 할 시점인지 고대하고 있었을까. 차갑고 상쾌한 바람을 맞이하고자 오랫동안 준비했음이 틀림없다. 흠뻑 맞아도 젖지 않는 비, 맞을수록 행복해지는 어엽비를 나는 축제처럼 즐긴다. 우아하게 낙하하여 대지를 만나고 온몸을 떨며 반가움의 인사를 나눈다. 허물어져 내린 돌담도, 금 간 기왓장과 물 괸 오지장독도 토닥토닥 따스한 위로를 입는다. 험한 곳, 너절한 곳 가리지 않고 살며시 가려주고 다독여 주는 비, 바라만 봐도 마음을 편히 내려놓을 수 있는 아늑함까지 선사하는 빨간 낙엽 무리를 본다. 사람도 떠날 때 저리 아름다울 수 있을까. 자신이 내리는 곳이 어디든 저리 미쁘게 만들 수 있는 사람이라면 세상 무엇보다 아름답다 할 수 있으련만.

　돌절구에 걸터앉아 나도 무용수가 되어본다. 오른쪽으로 네 박자 뒹굴고, 왼쪽으로 살짝 몸을 젖히고, 뱅글 한 번 돌고, 잠시 멈추고…. 이 순간만큼은 몸치인 나도 가수 '비'

처럼 멋진 동작이 가능하다. 술에 완전히 취하면 넘어져도 다치지 않는다더니, 무엇에나 완벽하게 취하면 평소에 하지 못하던 일도 거뜬히 할 수 있나 보다. 어여쁜 낙엽비에 빙의되어 나도 낙엽처럼 자유롭다. 사뿐히 일어서는 동작에 몸무게가 느껴지지 않는다. 머리에 단풍잎이 꽂혔다. "빨간 모자를 눌러쓴 난 항상 웃음 간직한 삐에로~" 예전에 애창하던 노래를 흥얼거리는 이 순간만큼은 김완선이 부럽지 않다.

  두 팔을 펴고 바람을 안았다. 낙엽처럼 한 바퀴 빙 돈다. 잔디에 내려앉은 단풍잎을 손바닥에 수북이 얹고 공중에 날려도 본다. 장식 하나 없는 웃음이 터져 나온다. 내게도 단발머리 아이처럼 영혼이 자유로운 시절이 있었지. 아무도 없는 줄 알았는데 부엌에서 인기척이 느껴진다. 격자문을 열고 할머니 한 분이 나오셨다. 하얀 고무신이 정갈하였다. 객이 즐겁게 노니는 동안 모른척해 준 그 마음에 부끄러운 눈인사를 건네었다. 그분이 뜰에 내려 두 손으로 낙엽을 받는다. 주름진 눈꼬리에 행복한 미소를 싣고서.

  지난여름은 얼마나 팍팍했던가. 흙에서 피어난 부연 먼지만 움직이는 숨 가쁜 저녁, 시든 풀잎을, 마른 나무둥치를, 갈라진 밭이랑을 깨우며 차가운 빗줄기가 쏟아지기 시작했다. 세상을 재정비하며 물줄기는 내가 되어 흘렀고, 지하로 스며들어 생명의 양식을 비축하였다. 가뭄을 해갈한 비의 행보를 나무도 익히 알고 있었기에 오늘은 나뭇잎이 비가 되어 내린다. 어엽비가 감싸안은 땅은 이제 휴식에 들 터이다. 그들은 서서히 퇴색되다가 삭아내려 땅속으로 스며들며, 썩어가는 자신의 체온으로 토양을 살찌울 것이다. 탄생과 소멸의 행렬은 순환이라는 사이클을 바탕으로 대를 잇는다. 봄비에 얼굴 내밀 생명을 생각하며 기꺼이 스러지는 어엽비의 낙하는 허무와는 거리가 멀지 않을까. 찬란한 이별이라 부르면 될까.

언젠가 나도 삶이라는 기차에서 내려야 할 것이다. 초록을 밀어내고 붉은 카로티노이드 색소가 얼비치는 중년의 시점에서 삶의 종착역을 생각한다. 정해진 길이의 무명 끈을 살아온 시간과 살아갈 시간으로 나눈다면 매듭은 이제 종점과 더 가깝다. 버킷리스트를 모두 행한 뒤에라야 더욱 다채로운 색깔로 물들 수 있으리라. 생의 후반도 잘 준비하고 단장할 일이다. 그리고 날을 잡아 깨끗하고 서늘한 바람을 타고 어엽비가 되어 세상에 내릴 수 있다면 좋지 않을까.

집으로 오는 길, 와이퍼에 고운 단풍잎 몇 개가 기념품처럼 걸려 있었다. 내 앨범으로 자리를 옮긴 뒤에 그것은 그리움의 곳간에서 그날의 어엽비를 불러내는 전령이 되었다.

왕버들 마스크

              자연은 산소 같은 존재다. 거기에 기대지 않고 인간이 살 방법은 없다. 자연의 배려 속에 인간이 산다는 것을 고찰하려면 인물과 배경의 순서를 바꾸어 살펴보면 되지 않을까. 텔레비전에서 본 하천가에 자리한 공원은 거대한 숲을 이룬 왕버들이 배경 속 주연이고, 보랏빛 맥문동이 조연이었다. 그리고 감독과 연출은 인간이었다.

  화려한 화면 속에서 연인들이 웃고 있었다. 다정한 포즈로 나무에 기대고 손가락으로 하트를 날린다. 그들은 숲의 향기로 허파를 가득 채우는 듯했다. 수십 그루의 왕버들이 그들을 응원하고 있었다. 영상 속 풍경에서 시선을 끄는 것은 인물이지만 배경이 된 사물 덕분에 젊음도 빛이 더해졌다. 행복한 두 젊은이의 빛나는 미래를 그려보며 덕담을 해주고 싶었다. 나이가 들수록 아름다워지는 생명체가 나무라는데 몇 년 사이에 분위기가 많이 달라진 것 같다. 쉴 곳을 조성하고, 별도의 길을 내고 둥글게 구역을 짓는 등 손을 많이 본 모양이다. 사람들은 목향木香으로 머리와 마음을 씻고 있는데 정작 텔레비전에서 보는 숲은 어쩐지 여유가 없어 보였다.

  이 숲은 왕버들의 성지다. 첫인상부터 예사롭지 않았다. 몇백 년 역사책이 펼쳐져 있었다. 오죽하면 숲 전체가 천연기념물로 지정되었을까. 둘레가 몇 아름이나 되는 몸피도 놀랍지만 줄기에 들어찬 세월의 흔적에 눈이 휘둥그레졌다. 푸른 이끼를 키우고, 수피가 벗겨져 헌데를 드러내는 사이사이로 군데군데 어린줄기와 잎이 연둣빛으로 흔들렸다. 그들은 갖은 풍상을 겪고 몸통 곳곳이 헐어 힘든 수술을 견뎌낸 고목이었다. 버팀목의 도움을 받고 있지만 아름답기 그지없었다. 삶은 이렇게 살아내는 것이라 일러주는 현명한 노인의 이야기를 들을 수 있는 곳. 원시에서 옮겨온 듯 신령한 기운까지 뿜는 고목의 군락지는 내 영혼의 휴식처였다. 코로나로 인해 마스크가 필수품이 된 요즘, 일상이 숨 가빠서 자주 숲을 찾는다. 거기서는 아무도 모르게 마스크를 벗고 심호흡을 한다. 폐부를 씻어주는 피톤치드의 향기가 나를 위로해 준다. 이제는 더 장엄해졌을 숲을 보고자 내 추억의 저장고로 차를 몰았다.

 다시 찾은 숲은 리모델링을 하였다. 깔끔하게 정돈된 공원이 나를 맞았다. 고풍스러운 초록의 장원을 자분자분 흙을 밟고 오리라는 기대는 물정 모르는 시골뜨기의 헛물켜기가 되었다. 화면에서 본 것처럼 화려한 보랏빛 양탄자를 깔고 왕버들은 고민 중이었다. 도무지 동의하고 싶지 않은 축제의 한가운데 선 것처럼 나무들은 편안해 보이지 않았다. 지자체에서 복토를 하고 거기에 맥문동을 빽빽하게 가꾸어 소문을 내는 중이라 했다. 반짝이는 버들잎과 싱싱한 초록색 이끼가 여름 햇살 아래 그림자를 드리웠다. 그 분위기를 받아들여 흙은 한결 차분하게 가라앉아 나무의 둥치를, 잎을, 가지를 응원할 차례였다. 한데 화려한 보랏빛 꽃깔개는 들뜬 축제의 장을 펼쳤다. 환하게 웃는 맥문동 꽃밭에서 사람들은 셔터를 터트린다. 그들은 사진 속에서 일그러진 왕버들의 표정을 읽을 수 있을까.

 숨을 쉬기 어렵게 되어버렸다. 호흡기에 털 담요를 덮어쓴다면 누구나 그리되지 않겠는가. 버들처럼 물을 좋아하는 나무들은 뿌리호흡을 하는 부정근이 땅에 깊게 묻혀버리면 낭패라는데 사람으로 치면 솜뭉치로 콧구멍을 막은 셈이 되었으니. 버드나무 종류에 있어 복토란 어찌 보면 강제로 몇 겹의 마스크를 씌우는 일이다. 거기에 여러해살이 맥문동까지 빼빼하게 심은 것은 방독면 착용과 비교해도 되지 싶다. 지자체에서 돈 들여 한 일이니 그걸 어찌 의도했겠느냐마는 사람의 기쁨보다 자연을 먼저 헤아리는 생태적 마인드가 아쉬울 따름이다. 울퉁불퉁한 뿌리가 땅을 넘나드는 것이나 혹이 튀어나오는 것들이 나무의 생래적 특성이라면 이유가 있을 터이다. 정성은 고맙지만 많은 포장은 나무를 괴롭히는 처사일 수 있다. 노거수들의 쌕쌕거리는 숨소리가 들리는 듯하다. 제발 좀 그냥 놓아두라는 한탄은 나만 듣는 소리일까.

　굽고 휜 나무뿌리가 땅 위로 불거져 흙을 움켜쥐고 있는 모습을 보며 안타까움을 느낀 적이 있었다. 흙을 도두룩하게 덮어주면 좋겠다 싶었는데 그걸 복토라 한단다. 문제는 나무에 따라 섭생을 달리해야 한다는 것이다. 나도 생각 없이 복토를 한 적이 있다. 아이를 키울 때 어릴 적부터 아이가 싫어하는 학습지를 매일 점검하며 몇 년이나 시켰다. 그때는 최선이라 여겼지만 본인이 싫어하는 것이니 효과가 오를 리 없었고, 그게 또 부족하다 싶어 더 강요했던 기억이 있다. 그때 숨이 막혔더라는 아이의 고백을 최근에 듣고 얼마나 미안했는지 모른다. 요즘도 제 방문을 잠그는 아들의 버릇이 나의 채근과 잔소리에 기인하였음을 이제야 알았다. 아이의 성장기에 짐을 지우고, 그 트라우마가 내 탓이라 생각하니 마음이 아프다. 복토란 상대를 위해서만 주의 깊게 해야 함을 그때는 왜 알지 못하였을까. 나무도 마찬가지다.

버들은 선한 나무다. 진작부터 포슬한 평지에 안전하게 뿌리내려 곧게 위로 자라는 나무 일반의 바람을 버렸던 것 같다. 경쟁과 싸움의 땅뺏기를 포기하고 남들이 선호하지 않는 습한 곳을 차지하고 자신의 몸을 거기에 적응시켜 나갔다. 물이 범람하여 뿌리를 덮어버리더라도 줄기 아래에 공기뿌리를 내어 호흡하며 버텼다. 줄기에서 긴 공기뿌리를 늘어뜨리는 것, 줄기 아래에 공기뿌리를 내어 통기성이 부족한 땅의 결점을 보완하는 것, 모두가 살기 위한 적응의 몸짓이었다. 그늘을 좋아하는 맥문동은 버들 숲의 좋은 이웃이 될 수 있었다. 영역을 지켰다면 말이다. 왕버들의 영역을 피해 어울리게 심었더라면 좋지 않았을까. 위하고 꾸밈은 어울려 사는 것이 기본이다. 사람과 풀이, 사람과 나무가, 사람과 숲이, 자연과 사람이 서로에게 좋은 기운을 줄 때 세상은 아름다워진다. 자연에 손을 대기 전에 인간은 공부하고 또 공부해야 마땅할 것 같다.

  몇 년 사이 왕버들 몇 그루가 또 죽었단다. 번호표를 달아놓고 관심을 가지고 보호하고 있다곤 하지만 나무의 숨통을 막은 것 같아 내내 안타까웠다. 이 숲의 주인은 왕버들이다. 벤치에 앉아 낭만을 즐기는 저 사람들은 떠나지만 왕버들은 남아서 숲을 지킬 것이다. 코로나바이러스가 나무를 덮친 것도 아닌데 숨통을 막아버린 사람들에게 나무 의사의 강의를 추천하고 싶다. 왕버들의 마스크를 벗겨주고 싶다.

엉겅퀴 사내

보라의 반란이다. 보라 뭉치 꽃, 엉겅퀴였다. 어릴 적에 내가 가장 좋아한 색깔은 보라색이었다. 아끼던 수첩에 실려 있던 색깔점에 따르면 보라를 좋아하는 사람은 예민하고 병약하다고 하였다. 꿈보다 해몽이라. 소녀 취향을 만족시키던 그런 해석에 신비함을 얹어 내 보라색 크레파스는 다른 것보다 훨씬 빨리 닳았다. 엉겅퀴의 꽃만큼은 붉은색을 섞어 더 진하게 칠했다. 붉은 보라꽃에 진보라로 세로줄을 죽죽 그으면 엉겅퀴의 기상이 살아나고 밋밋한 그림에 생기가 돌았다. 빳빳하게 기를 살렸다.

어느 봄날, 나물을 뜯으러 나선 길이었다. 엄마가 마른 풀덤불 속에서 무서운 기세를 뿜어내던 진록의 큼지막한 풀을 캐었다. 사나운 위용을 자랑하는 톱니 같은 잎을 보며 저걸 어찌 먹을지 걱정스러웠지만 죽에 넣은 엉겅퀴는 부드럽게 목을 타고 넘었다. 약으로 쓴다며 뿌리째 캐어 말리는 사람도 있었지만 이해하기 어려운 나이였다. 어린 내 눈에 엉겅퀴는 검을 가진 전사처럼 용감하게 보였으니. 봄나물이 쇠기 시작하면 엉겅퀴도 여물어 갔다. 자신을 건드리면 가만두지 않겠다며 삿대질을 해대더니 유월이면 꽃보라색 꽃이 물음표처럼 둥그렇게 솟았다. 튼튼한 상투형 붉은 꽃이 생소하였다. 그래도 어울리지 않게 고운 색을 가진 엉겅퀴꽃이 어쩐지 안쓰러웠다.

 몇 년 전인가 아버지의 산소를 둘러보고 내려오는 길이었다. 잡풀들이 우거진 언덕에서 엉겅퀴가 빛을 뿜고 있었다. 푸른 하늘과 초록 풀들을 배경으로 자신을 봐달라고 용감하게 외치고 있었다. 그 당시는 내가 건강과 생계와 진로에 관련된 문제로 매일 밤잠을 설치던 때였다. 사막 한가운데에 떨어진 생텍쥐페리가 느꼈을 고독을 생각했다. 모든 문제가 내 손안에 있었고, 내가 짊어지고 가야 할 일이었다. 세상은 얼마나 두려웠던가. 배낭을 내려놓고 앉았다. 숙연해져서 가만히 들여다보았다. 엉겅퀴가 내 마음속 서릿발처럼 일어나는 가시들을 제 몸에 다 지고 서서 나를 바라보았다. "이 정도인가요?" 헝클어진 생각들이 풀자풀자 실타래를 흔들며 가지런히 가라앉았다. 문득 부끄러워졌다. 엉겅퀴의 가시 돋친 쇤 손길이 나를 어루만졌다. 뜻밖에 편안해졌다.

　요즘 엉겅퀴 같은 남자를 매일 밤 만난다. 그는 다리 밑 가수다. 온천천 산책길 중간쯤 세병교 아래 벤치가 그의 무대다. 폰에 스피커를 연결해서 틀어놓고 구성지게 노래를 뽑아대는 그 남자의 목소리에서 어릴 적 엉겅퀴에게서 느낀 안쓰러움을 찾아냈다. 두어 곡을 듣고 수영강 쪽으로 갔다가 되돌아왔을 때 그의 노래를 다시 듣게 되면 왠지 운동을 잘 마무리한 것 같아 뿌듯해진다. 그럴 리 없다는 걸 알지만 나를 위해 한 시간의 공연을 마다하지 않은 가수에게 감사하는 것이다. 원래부터 노래에 소질이 있다기보다 많이 부르다 보니 노래에 흥을 얹을 수 있게 된 것 같아 더 친근감이 갔다. 추우나 더우나 해를 넘겨 노래를 불러대는 그에게 언젠가부터 팬이 생겼다. 슬그머니 주변 벤치에 앉아 그의 노래를 듣거나 거드는 사람들이 있어 그는 더 힘을 낸다.

　치료 중이라 했다. 열 살부터 천식을 앓았단다. 온갖 노력에도 고치지 못해 평생을 고생하였다고 하였다. 약 부작

용에 시달려 드디어는 일도 제대로 못 하게 되었을 때 그는 죽을힘을 다해 노래를 잡았다. 밤마다 세병교를 찾았다. 쌕쌕거리며 더듬던 가사가 해를 넘기자 숨이 길어지고, 곡조를 타더니 몇 년이 지나자 천식이 잡혔단다. 어떤 이는 시끄럽다고 질책하기도 하고, 어떤 때는 신고를 받은 경찰이 와서 제지하기도 하였지만 사연을 듣고는 조금만 하다 가라고 봐주기도 하더란다. 이젠 얼굴 익힌 사람들이 많아 심심하지도 않다고 하였다. 칠십이라는 연륜을 가지면 건강했던 사람도 목소리가 쇠기 마련이다. 평생 시달린 그는 오죽할까. 대장장이가 벼리고 벼려 쨍하는 맑은 쇳소리를 음미하듯 나는 그의 쉰 목소리를 즐긴다. 그는 트로트에 염원을 싣고, 나는 그가 운명에 외치는 소리에 박수를 보낸다.

 북적이던 체육시설이 조용해졌다. 거꾸리에 매달려 밤하늘을 보았다. 만세 자세로 두 팔을 흔들어 척추를 이완시킨다. 목이 쉰 남자가 경건한 염원을 노랫가락에 실어 날려 보낸다. 보드라운 백색 깃털을 단 엉겅퀴 씨앗들이 소망을 담고 바람에 몸을 싣고 비행을 시작한다. 풀자. 풀자. 나는 두 팔을 흔들며 휘이. 소리친다. 거꾸로 보니 세상은 더 광활하다. 노랫소리와 나의 찬사와 엉겅퀴의 꼬리털이 세상을 돌린다. 빙글거리며 내 눈앞을 도는 한 무리의 기쁨을 경험하고 나는 슬며시 거꾸리에서 내려온다. 피 돌림이 좋아져서일까. 빌딩을 이고 앉아 무거웠던 머리가 가벼워졌다.

 온천천에 밤이 깊었다. 가로등 불빛 아래 키 낮은 꽃들이 잠들고, 초록 풀들이 부드럽게 곡선을 그려 그림자를 더 짙게 덮어쓴다. 굴복과 극복은 한 글자 차이려니. 목이 쉰 남자가 몸을 일으킨다.

쿰바야 로즈

존 바에즈의 목소리로 흑인영가 「쿰바야」를 듣는다. 창원의 가음정 장미공원에서 처음 만난 쿰바야 로즈 덕분이다. 쿰바야 로즈 가든에 서면 낯설고도 숫저운 수많은 얼굴들이 나를 향해 "컴 바이 히어."를 외치는 듯하여 발길을 멈추고 오래 들여다본다.

흑인영가인 「Kumbaya」는 서부 아프리카의 악기인 잼베의 둥둥 소리가 들려야 제맛이다. 영혼을 울리는 듯한 강한 베이스가 받쳐진 노래를 듣다 보면 언젠가 본 흑인들의 축제에서처럼 나도 모르게 발로 땅을 두드리며 어깨를 실룩이게 된다. 아프리카에서 멀고 먼 미국 사우스캐롤라이나와 조지아섬에 노예로 끌려온 그들은 누구보다 메시아가 필요한 사람들이 아니겠는가. 주인님을 모시고 교회에 갔으나 예배의 자리는 허락되지 않았다. 교회에 들어가지 못하였으나 창밖에서 주님을 찬양하는 노래를 불렀다고 한다.

쿰바야 로즈 가든에 그들의 우렁찬 목소리가 들리는 듯하다. 음울하면서도 힘찬 확신으로 신을 부르는 목소리,

우는 자에게 오소서. 노래하는 자에게 오소서. 기도하는 자에게 오소서. 자는 이에게 오소서…

신이 그들의 목소리를 들었다면, 그분은 교회 안의 빛나는 제단이 아니라 교회당 창밖 노예들의 곁에 눈길을 두셨으리라. 밀림을 헤치고 초원을 달리며 대자연 속에서 자연처럼 살아가던 순수하고 욕심 없던 사람들이 쇠사슬에 묶여 배에 실리고, 삶과 죽음의 경계를 넘으며 끌려온 낯선 땅, 노예들의 아픔이 가수의 목소리에서 넘실거린다. 내가 좋아하는 가수 서유석의 진성과 가성이 넘나드는 「쿰바야」 또한 맑은 신성을 체험하게 하는 힘을 가졌다. 꺽꺽대며 토해내는 거친 목소리 속에 아픔과 저항, 기원의 성스러움까지 함께 어우러지기 때문이다.

이 꽃을 처음 보았을 때 의아했다. 내가 알고 있던 장미꽃이 가지는 극강의 아름다움, 꽃잎이 겹겹으로 겹쳐진 곳에 생기는 음영에서 비롯되는 신비함을 찾을 수 없었기 때문이다. 찔레꽃과 더 가깝다고나 할까. 한 줄기에 열 송이 정도의 작은 홑꽃이 피는데 푸른 잎이 보이지 않을 정도로 만개해 있다. 찔레나무가 장미과 식물이니 쿰바야 로즈가 장미공원에 어울리지 않는다는 내 생각이 잘못되었음을 나중에야 알았다. 겹겹이라는 장미꽃 형상에 대한 나의 고정관념이 문제였던 것을 왜 몰랐을까. 백인 세상에 뿌리를 내려야 했던 흑인들처럼 쿰바야 로즈는 나의 괜한 억측 하에서도 나도 장미라고 당당히 외치는 듯하다.

쿰바야 로즈는 프랑스 메이앙이 2000년에 선보인 꽃이다. 국제 장미콩쿠르에서 금메달을 수상한 역작이다. 사실 영문 이름은 Cumbaya이다. 왜 K가 아니고 C일까. 여기저기 찾아보다가 터키어 사전에서 Cumba를 찾았다. 테라스, 노대, 발코니를 뜻한단다. 플라워 박스에 모아 심어 베란다를 장식하기에 좋다고 육성 원예인이 Cumbaya로 명명하였으리라 짐작해 본다. 「Kumbaya」가 「Come by here」에서 유래했다는 것도 문서에 새겨진 사실은 아니다. 다만 K나 C나 우리말 초성 발음으로는 같은 소리를 내는 것이니 무리가 없다는 쪽에 힘을 실어볼 따름이다. 허나 무슨 상관인가. 한데 어울려 신을 부를 수 있는 그것만으로도 위안이 되었을 노예들, 그들의 삶을 실은 이름 하나로도 나를 사로잡은 것을. 게다가 신을 부르려면 발코니에 나가서 하늘을 보며 부르는 게 더 어울릴 것 같지 않은가.

중심이 하얀 분홍색 꽃잎 다섯 장이 앙증맞다. 꽃잎 바깥에서 안쪽으로 갈수록 그라데이션은 옅어지고 하얀 중심 부분에 노란 암술과 많은 수술이 돋보인다. 크기에 비해 꽃술의 수가 많은 것은 아메리카라는 새로운 땅에서 살아남아 패밀리를 번성시켜 나가고자 하는 노예들의 기원을 상징한다고 의미를 두어본다. 꽃들이 푸짐하게 이어서 피지만 꽃 하나하나의 수명은 긴 편이 아니라고 하니 그것조차 노예들의 거친 삶 같아 마음이 짠하다. 어려움을 딛고 돌담이나 언덕진 곳을 꽃으로 뒤덮는 쿰바야 로즈의 분홍빛 세상 만들기는 진행 중이다. 보잘것없는 향 수치로 장미 족보에서 숨죽이고 있는 존재지만 쿰바야 로즈의 향은 내게 있어 어떤 향수보다 특별하다. 있어야 할 것, 알아야 할 것을 각성하게 하는 향은 평생 따로 느낀 적이 없었던 것 같다.

올해는 아흔여덟 종의 장미가 피었다. 미스터 링컨, 사하라, 블루라이트, 노스탈지, 옐로 퍼퓸, 벨베데레 등 개성이

다른 장미들이 나름의 향과 아름다움으로 천국을 재현한다. 그 화려한 꽃 중에서 키 작고 땅을 기는 조그마한 쿰바야 로즈들이 군중의 목소리로 나를 부른다. 흑인들의 시민권 운동에 호응했던 존 바에즈가 거기에 있고, 젊은 날 내게 감동을 안겨준 알렉스 헤일리의 소설『뿌리』의 주인공인 쿤타 킨테와 그의 가족들이 떠오른다. 며칠 전 읽은 인디언 추장들의 연설문 속에서 만난 고양된 정신이 꽃잎 사이에서 보이고, 진실한 태도로 고난을 이겨낸 내 주위 사람들의 향기가 쿰바야 로즈에서 느껴진다. 명명의 힘이고, 연상의 마력이다. 요즘 자주 가슴이 울렁거리는 나도 그들과 함께 갈망해도 될까.

꽃이 사람을 불러 모았다. 보행이 어려운 구부정한 노인은 공원의 행복한 시간 속 한 장면을 책임지고 걸음 연습 중이다. 천방지축 네댓 살배기 아이를 따라다니는 네 명의 어른들도 모두 꽃 같다. 한결 눈빛이 순해지고 가까워진 사람들로 공원은 잔치마당이다. 꽃이 이울기 전에 어머니를 모시고 한 번 더 올 수 있을까. 구순을 바라보는 어머니는 시골집에서 시나브로 사라져 가는 기억을 붙잡기 위해 고군분투하고 계신다. 자고 나면 생각나지 않겠지만 보는 그 순간만은 아이처럼 좋아하실 내 어머니와 함께 기원의 노래를 부를 수 있을까. 요즘 순간의 행복에 예전보다 더 감동하시는 어머니는 어쩌면 주연배우가 되실지도 모르겠다.

  사진을 찍었다. 내 폰에서 꽃 피울 쿰바야 로즈를 들여다본다. 내 마음대로 개사한 기도문으로 신에게 「Come by here」를 전송해도 될까.

> 쿰바야 마이 로드 쿰바야, … 기다리는 이에게 오소서, 방황하는 이에게 오소서, 흔들리는 이에게 오소서, 오셔서 저를 깨우소서

미루나무

홋카이도 비에이에 갔었다. 패치워크 길을 걸어 가까이 갈수록 꼭대기부터 천천히 모습을 드러내던 키가 30미터나 되는 두 그루 미루나무가 인상적이었다. 황금빛 들판과 푸른 하늘을 배경으로 서 있는 '캔과 메리의 나무'였다. 그 관광명소에서 나는 영천강 둑길에 자리 잡은 우리 동네 미루나무를 떠올렸다. 나를 향해 이파리를 반짝이며 신비한 바람 소리를 전해주던 키다리 나무, 강물과 논밭과 나지막한 집들을 내려다보며 의젓하게 시간을 지키던 그 나무가 더 아름답다는 생각을 했다. 문득 떠오른 그 나무가 궁금해졌다.

수량이 풍부한 강의 둑방길에 미루나무 한 그루가 있었다. 땡볕 아래 한참을 걸어도 붉은 흙길 이어질 때 저기까지만 가면 쉴 수 있다는 믿음을 주는 너른 가슴이 거기 있었다. 가끔은 그 그늘에 더위를 식히는 밀짚모자가 보이고, 하얀 머릿수건이 눈길을 끌었다. 어머니였다. 미루나무 그늘은 어머니가 둥치에 등을 기대고 앉아 지친 몸을 쉬기도 하고, 혼자 있고 싶을 때 무연히 시름에 잠기는 쉼터이기도 하였다.

주말에 집에 온 날은 어머니를 뵈러 밭으로 나갔다. 오랜만에 왔다며 금세 일을 털고 일어서시던 어머니와 미루나무 근처 개울에 발을 담그고 땀을 씻었다. 일요일에 학교로 돌아올 때마다 나를 배웅하는 어머니를 보며 발이 떨어지지 않았다. 어린 동생들과 병든 남편 건사에다 생계를 짊어진 어머니 뒤로 멀리 미루나무가 보였다. 괜찮다고 어서 가라고 흔들던 그 수많은 손의 격려가 내게는 어머니 마음 같았는데…. 새순 돋고, 낙엽 지며 세월이 참 많이 흘렀다.

어제 도착해서 집안일을 하고 오늘은 아침 산책에 나섰다. 미루나무를 찾아볼 참이었다. 어머니를 운동시킬 요량으로 부득이 먼 길을 잡는다. 들판에 안개가 자욱하다. 강둑길을 걸어서 엄마는 밭에 다니셨다. 늦둥이 둘러업고 낫으로 풀을 걷으며 도착한 박토에 땀을 부어 푸성귀를 길러 내셨건만 이제는 논과 합쳐진 밭을 어머니는 기억도 못 하신다. 많은 것이 사라졌지만 남의 도움 없이 살아야 한다는 신념이 남았다. 요양보호사의 도움도 돌봄 센터 출석도 거절하고 혼자 하실 수 있다며 시골집을 지키신다. 자식들이 두세 시간씩 달려와 시간을 함께하니 세상에서 가장 행복한 표정으로 우리를 맞으신다. 한참을 걸어 강둑에 올랐다. 안개가 걷히는데 강둑에는 풀만 무성하다.

미루나무가 사라졌다. 키다리 아저씨는 어디로 갔을까. 허전한 공간에 미루나무 한 그루가 갖는 의미는 의외로 크다. 무엇보다도 미루나무가 자리한 풍경 구도는 많은 생각을 이끌어 낸다. 그것이 되찾아 주는 서정에 목마른 나는 인정시럽 잔뜩 머금어 남들보다 무른 미루나무가 그립다. 어머니의 머릿속에서 외로운 등대 되어 깜빡이고 있을까 싶어 여쭈었더니 기억이 안 난다고 하신다. 미루나무는 허공을 장악하고 꼿꼿하게 서 있었고, 사람들은 그 나무의 꼭대기에 자주 눈길을 주었었다. 질곡의 세월에 묶여 있던 어머니에게 그는 의연함의 상징이었을 텐데…. 미루나무는 새들에게 집을 허락하여 생명을 보듬어 주었다. 넷이나 되는 자식을 키우던 어머니에게 그는 믿음직한 우군이지 않앉을까.

　미루나무는 잔가지가 많은 나무다. 긴 회초리처럼 기세 등등한 가지들이 헝클어진 엄마의 걱정거리처럼 엉켜드는 그 겨울에 엄마는 나를 대학에 보내기로 결심하셨다. 하늘을 찌를 듯 높이 솟은 우듬지의 푸른 꿈을 기억하셨다. 새 잎이 움틀 봄을 기대하고, 나에게 멀리 보는 법을 가르치셨다. 광택 있는 잎이 몸을 뒤집을 때마다 갈채처럼 흩어지던 햇빛을 기억하며 나는 엄마의 결심을 평생 고마워하였다. 추위에도 환경오염에도 강한 미루나무의 성정으로 어머니는 자식을 공부시키고 각자 집안을 이루도록 이끄셨다.

　우듬지를 드나들던 새들도 떠나고, 사계절을 함께하던 친구들도 흩어졌다. 미루나무가 갔고, 어머니의 많은 기억이 사라졌다. 그리고 언젠가는 어머니도 떠나실 터이다. 까마귀 한 마리가 머리 위를 맴돌고 멀리 논둑으로 날아간다. 검은 깃털 색 때문에 오해를 엄청 받은 녀석이 알고 보면 효조라는데 내게 할 말 있어 찾아왔던가. 한평생 내 가슴에 미루나무로 자리 잡을 어머니 손을 꼭 잡고 옛날 그 자리에 앉았다. 살면서 문제에 부닥치면 직각을 낀 긴 변에 미루나무 한 그루를 세우고 어머니의 마음을 헤아리곤 하였다. 삼각함수가 아니더라도 세월이 흘러도 사라지지 않는 내 마음속 한 그루 미루나무는 어머니가 아닐까.
   나무가 자란다. 영천강 둑길에서 나를 기다리던 미루나무가 내 안에서 자란다.

슬픈 회화나무

목을 젖히고 올려다보았다. 나지막이 달린 연등들 틈새로라도 푸른 잎을 보고 싶었다. 절 마당 가운데 우뚝 선 회화나무는 내게 자신의 몸 아래 둥치만 보여주었다. 허리 아래에 화려한 연등의 바다를 걸친 거대한 나무둥치가 시무룩해 보이는 것은 무엇 때문일까. 석가탄신일이 며칠 남았건만 사람들은 벌써 연등으로 마당에 햇빛을 다 가려버렸다. 연등 그늘에 서서 저 위에 있을 회화나무의 푸른 우듬지를 그려본다.

 우연히 들른 조계사 법당 옆 기둥에 기대어 생각에 잠긴다. 이 중에도 난타의 등이 있을까. 절절한 신심으로 머리카락을 팔아 기름을 샀던 여인. 밤이 지나고 먼동이 트기 시작했을 때 다른 사람들의 등불은 꺼졌지만 난타의 등불은 더욱 밝게 타올랐다고 한다. 그리하여 가난한 여인의 초라한 등 하나가 해마다 연등을 밝히는 기원을 이루었다. 등은 탐욕과 어리석음을 없애고 다른 사람에게 자비를 베풀겠다는 뜻이 담겨 있는 것이다. 등을 공양하는 진실한 마음과 일체중생을 먼저 구원하겠다는 그 숭고한 이타심으로 부처가 된 난타의 정성들이 오늘 이곳을 불국토로 만들어주고 있는 것이라 믿어도 좋을까.

"내가 누구의 손을 잡기 위해서는 / 내 손이 빈손이어야 한다."고 정호승 시인은 노래했었지. 스님을 보고 두 손을 모으는 것은 스님이 걸친 값비싼 가사와 금으로 만든 제구의 번쩍임을 존경해서가 아니다. 내가 갖지 못하는 맑은 정신과 기운을 흠모하기 때문이다. 자신의 삶을 닦고 다듬는 청정한 수행심에 경의를 표함이다. 선승의 기운을 기대하는 신도들 앞에서 권력으로 자금으로 군림하는 스님은 관객이 많은 무대 위에 올라선 우스꽝스러운 광대에 불과하지 않을까. 법당 안을 밝히는 유난히 큰 등이 시선을 끈다. 난타는 초라한 등에 간절한 서원을 세웠지만, 법당 안에 작은 등을 열 개도 넘게 달 수 있는 너른 자리를 차지한 저 호화로운 거대등에 올린 서원은 어떤 것이었을까. 시인의 빈손은 어찌 기름을 사서 어두운 밤을 밝혀야 할까. 지금쯤은 신령해졌을 것만 같은 늙은 회화나무는 알고 있을 것만 같다.

"내 나이 천 년의 허리를 분질러 먹으려 하네. 남들이 그러더구먼. 오래 살았다고. 온갖 세상사 다 겪고 보면서도 이렇게 부처님 땅에 자리 잡은 것만으로도 참으로 무궁한 복덕이 아닌가 싶었어. 행복했었지. 예불하는 소리를 듣고 있노라면 수행이 이런 삶이지 싶었어. 그런데 세월은 가혹하였네. 내 그늘에서 수행하던 몇몇 승려들의 참혹한 현실을 들을 때마다 참으로 슬퍼져. 처음에는 그들도 그렇지 않았어. 퍼렇게 서원을 세우고 기상이 살아 있었지. 권력이니 돈이니 수행자에게 그건 독이야. 그 생각을 하면 부처님 오신 날이 아니라 부처님 우신 날이 맞을 것 같구먼."

나무 둥치를 통해 전해오는 두툴두툴한 촉감이 서럽다. 자신의 삶을 가치 있다 여겼기에 회화나무는 더욱 안타깝지 않았을까. 어제는 화투장을 쥐던 손, 억대의 판돈을 예사로 후리던 손, 유흥업소에서 팁을 던지던 손으로 오늘은 목탁을 두드리며 예불을 하고 공양을 올리며 신심 가득한 신도들의 합장에 답을 하는 일이 가당키나 한 일일까. 오염된 손을 소독해 줄 데톨을 건네고 싶다. 다른 종교의 신도들과 이야기를 나누다 보면 스님들이 화제에 오를 때가 있다. 불미스러운 일로 뉴스에 오른 유명 스님이 아니더라도 줄줄이 성토되는 스님들의 어두운 그림자로 인해 속이 상한다. 사월초파일이면 정성껏 연등을 다는 내 손이 구차하게 여겨질 정도로 날 선 비판이 이어지기도 한다.

  충격도 자꾸 접하다 보면 그러려니 하게 되나 보다. 구석진 곳에 나무로 지어진 조그마한 건물이 눈길을 끈다. 위패를 판매하는 곳이다. '황금위패'라. 참으로 뜻밖의 광경이다. 죽음과 삶을 초연하게 이끄는 부처님의 말씀은 어디서 찾을 수 있을까. 난타처럼 주변을 맴돌 수밖에 없는 가난한 이의 마음을 가차 없이 후벼 파는 황금이란 낱말은 차라리 폭력에 가깝지 않은가. 회화나무는 어쩌면 당분간 다행스럽겠다. 연등이 위패판매소를 보이지 않게 가려주니 말이다. 오래 보관할 수 있다거나 자손들의 정성이 더 커 보인다거니 하는 제작 상인들의 감언이설이 있었다 할지라도 왠지 눈 버렸다 싶은 것은 나만의 편협한 생각일까. 스님들 수행 뒷바라지도 하고 불쌍한 중생구제를 위한 사업도 할 것이니 필요한 일일 것이라 애써 생각을 돌려보지만 여의

치 않아 밖으로 나왔다.

절 앞 대로에서 대규모 불교축제가 벌어지고 있었다. 여러 나라의 스님과 불교도들이 부스를 설치하고 자기 나라의 불교문화 알리기와 구호사업 동참을 호소하고 있었다. 그들의 맑은 눈빛이 내 시름을 부끄럽게 한다. 대만 스님에게서 아리산 차 한 잔을 얻어 마시고 돌아서니 연꽃등 만들기를 지도하는 우리나라 비구니 스님과 눈이 마주쳤다. 그분의 깨끗한 미소가 꾸중으로 들린다.

'벼를 보지 않고 피만 보는구나. 자신의 불성을 찾으려 않고 남 탓만 하느냐?'

합장을 하고 부스를 나왔다.

멀리서나마 회화나무를 다시 보고 싶었다. 왠지 서글픈 모습일 것 같아 돌아볼 자신이 나지 않았다. 언젠가 가벼운 발걸음으로 다시 와서 그를 대면할 수 있겠지. 연등 하나 밝히지 못한 서글픔을 다독이며 빈손을 흔들었다.

망춘화亡春花

　　　　　　　　　문우들과 백천사를 다녀왔다. 여행 사진을 정리하다가 한 장의 사진에 눈길이 묶였다. 내 얼굴만 한 꽃송이들이 화면 가득 떠 있다. 꽃잎이 두텁고 탐스럽다. 꽃잎의 안쪽은 부드러운 유백색이고, 바깥쪽은 붉은 보라색인데 꽃받침 쪽으로 갈수록 짙어져서 그 애잔한 아름다움 때문에 눈을 뗄 수가 없다.

　자목련은 슬픈 전설의 주인공이다. 옛날 어느 임금님에게 외동딸인 공주가 있었다. 외모가 아름답고 마음씨까지 고운 공주는 북쪽 바다의 사나운 신만을 사랑하고 있었다. 몰래 왕국을 빠져나와 천신만고 끝에 찾아갔지만 그가 이미 혼인하였음을 알게 되었고, 이루지 못할 사랑을 슬퍼하며 바다에 몸을 던지고 말았다. 바다의 신은 가여운 마음에 그녀를 잘 묻어주었지만, 자신의 결혼이 부질없다는 생각에 자신의 아내에게도 극약을 먹여 공주 곁에 묻어주었다. 뒤늦게 이를 알게 된 공주의 아버지는 두 사람의 무덤에 꽃이 피어나게 하였다. 봄마다 북쪽 바다의 신을 사랑했던 공주는 백목련으로, 바다신의 아내는 자목련으로 피어나 북쪽을 향해 그리움을 날린다고 한다.

　실험실에서 봉숭아 줄기를 잘라 붉은 물감을 푼 액체에 꽂아놓고 물관을 관찰한 적이 있다. 점점 붉게 변해가는 물줄기를 살피며 아기의 해맑은 피부에 아른아른 내비치는 실핏줄을 떠올렸다. 맥이 선명한 꽃잎은 한지에 먹인 꽃물처럼 경계선 없이 최상의 그러데이션을 연출한다. 자목련의 꽃잎을 들여다보며 얼굴 하얀 귀부인의 홍조 띤 얼굴을 연상하다가 어쩌면 그것은 바다신의 아내가 흘린 붉은 핏물일지 모른다는 생각이 들었다. 믿었던 사랑이 내지른 주먹에 피멍 든 한 맺힌 울분의 색깔일지도 모르겠다. 다른 여자로 인해 남편에 의해 독살되는 아내의 통곡은 상상하기도 어렵다.

　전대미문의 이 사건이 그녀에게 남긴 것은 무엇일까. 죽음만이 아니었을 것이다. 남편의 배신이 그녀의 뒤통수를 후려갈기던 청천벽력의 순간에 행복한 결혼 생활에 잠겨 있던 그녀는 삶과 죽음의 그 기막힌 대비, 빛과 어둠의 그 순간적인 교차 속에 인식의 공황상태에 빠졌을 것 같다. 그녀가 왜 들어본 적도 없는 공주 때문에 죽임을 당해야 한단 말인가. 꽃이 아름답기에, 가지나 열매보다 연약하기에 꽃에 얽힌 전설의 주인공은 대부분 여성이고, 또 슬픈 삶을 산다. 공주가 찾아오기 전에 바다신은 자신의 아내를 사랑하기나 했던 것일까. 남성이 여성을 소유물로 생각하고 칼자루를 함부로 흔들며 핍박하고 무시하고 심지어 목숨을 앗기까지 하는 이런 이야기는 가히 야만의 서사다. 자목련에 얽힌 어이없는 전설은 포악한 바다신이 하느님에게 벌을 받는 것으로 끝나야 했다.

유난히 사이좋은 부부가 있었다. 둘 다 명문대를 졸업하고 남들이 부러워하는 직업을 가진 유능하다고 소문난 인재였다. 우리는 자상한 남편의 태도와 발랄한 아내의 모습을 부러워하였다. 어느 날, 그 부부가 이혼했다는 소식이 들려왔다. 술집 여급의 안타까운 사연을 듣고 동정하고 도우다가, 사랑하게 되어 임신을 시켰고, 급기야는 아내를 버렸다고 하였다. 자세한 내막은 모르지만 시원찮은 남자의 처신으로 그 아내와 아이들의 가슴에 치유할 수 없는 상처를 남기고 말았다. 그는 힘든 세월을 같이 보낸 조강지처에게 치명상을 입히고 지금 행복할까.

얼마 전 모임에서 누군가 요즘 남자들이 불쌍하다고 하였다. 아내의 목소리가 커졌고 남편들은 용돈을 타서 쓰기 때문에 경제적으로도 여성들이 더욱 자유롭다는 이야기였다. 예전과 많이 달라지기는 하였다. 여성들도 사회적 인식이 높아져서 직장을 가지는 것이 다반사이다. 많이 변화가 있기는 하지만 예전부터 책임져 오던 집안일과 육아를 여전히 그녀들이 전적으로 맡기를 바라는 남자들도 많다. 행주치마 걸치기를 거부하면서도 결혼적령기의 남자들이 직업을 가진 여성들만 선호하는 이런 형태의 사회구조는 바다신의 행동처럼 너무 어이없어 결혼을 말하는 처녀들의 가슴에 무거운 두려움을 안겨주기도 한다.

잎보다 먼저 꽃을 피우는 나무들에서 터져 나오는 생명의 숨결을 느낀다. 혹한을 인내하며 다듬은 자신의 가장 아름다운 모습을 최선을 다해 내보이고 싶어 하는 마음은 얼마나 느꺼운가. 자목련은 백옥 같은 공주에 뒤지지 않는 아름다움으로 봄 뜰을 휘어잡는다. 붉은 자줏빛 긴 치맛자락을 한 손에 휘어잡고 하얀 속치마를 나붓대며 바람에 몸 실을 때마다 아련한 향기로 자신의 존재를 알린다. 백목련이 봄소식을 가장 먼저 전한다고 하여 영춘화迎春花라고 불리는 데 반해 자목련은 봄이 끝나는 시기에 핀다고 하여 망춘화亡春花라 불리기도 한다. 자신의 가정을 불행으로 몰고 간 여인과 마주하기 싫어 긴 겨울 지나고도 한참을 기다려 자신을 내보이는 것일까.

  법당 가까이에서 은은한 목탁 소리 들으며 참선한 꽃송이들이라 유난히 크고 탐스러운 게 아닐는지. 하느님이 꽃으로 태어나게 한 그 순간에 한은 자취 없이 사라지고 감사와 은혜를 가슴속에 품었을까. 남편을 사랑한 가엾은 어린 공주의 명복을 빌고 자신을 버린 남편의 업보를 지워달라고 기도를 올리는 듯 꽃은 한껏 성숙한 향을 피워낸다. 자목련 나무의 가지나 잎이 신에게 드리는 제사에 바쳐지는 영광을 안게 된 까닭을 알겠다. 따지지 않고 가슴에 묻지 않고 관용으로 순수한 자신의 사랑을 지켜내는 그 마음이 벗어남의 기본이 아닐까.

  누군가는 이 꽃을 세상을 달관하고 명상에 든 신의 표정을 지녔다고 했다. 유려하게 얽힌 가지 끝마다 하나씩 둥지를 튼 자목련 꽃송이들은 천수관음의 손놀림을 연출한다. 용서하고 어루만지는 자비의 손길이 거기에 깃들어 있었다. 아름다움과 향으로 세상에 보시하는 꽃을 배경으로 사진을 찍으며 사람들은 자신의 모를 깎아내는 것일까. 그들의 표정이 자목련을 닮았다.

꽃비

 베란다 창을 열었다. 물 먹은 바지를 힘차게 털어서 빨랫대에 척 걸치는데 갑갑한 내 코끝을 가로지르는 한 줄기 고운 움직임이 눈길을 끌었다. 축축한 검정색 바지에 착 달라붙은 얇고 고운 꽃잎 하나. 고개를 돌려 바깥을 보았다. 순간 가슴이 쟁쟁 놋쇠 소리를 내며 대장간 무쇠처럼 달아올랐다.

 꽃이 지고 있었다. 바람이 한 줄기 시원하게 팔을 뻗칠 때마다 한 움큼씩 하얀 나비 떼가 공중을 날고 있었다. 눈송이는 대지에 떨어져 형체를 유지하지 못하고 스러지지만 떨어진 꽃잎들은 온 뜰을 초록 바탕에 하얀 물방울무늬 유난한 카펫으로 만들고 있다. 다섯 개의 우윳빛 꽃잎들이 머리를 맞대고 꿈을 키우다가 밀쳐내는 새잎에게 자리를 물려주고 대기의 부드러운 안내를 받아 한 잎씩 다른 길로 몸을 내린다.

뜰로 나갔다. 구석진 곳에는 소복소복 쌓인 꽃잎들이 핀셋으로 조심조심 한 잎씩 곱게 쌓은 것처럼 윤기가 돈다. 수십 그루의 잘 자란 벚나무 가지 아래 살면서 왜 그랬을까. 봉오리 벙글고 꽃잎을 펼쳐서 삶을 기쁘게 향유하다가 날개를 접는 꽃들의 전별식을 소홀히 하였다. 이 예쁜 봄의 전령들이 겨우내 준비한 환희의 교향악을 들으려 하지 않았다. 정말 왜 그랬을까. 아이들이 그린 그림 속의 요정들이 한 개씩 말주머니를 달고 다니듯 분분한 낙화 하나하나가 유언 주머니 하나씩을 살랑 공중에 띄우고 있다. 유언들은 남겨놓은 씨방 속 조그만 속씨로 인해 가늠할 수 없는 무게를 꽃잎에 싣는다.

발 둘 데가 마땅찮다. 주차장 경계 턱에 서너 장 꽃잎을 불어내고 앉았다. 너른 앞뜰에는 저마다 개성적인 색깔들의 환호가 눈부시다. 보랏빛 제비꽃 무리, 우윳빛 장엄한 벚꽃들의 어울림, 군데군데 민들레의 노란 반짝임, 그리고 붉은 빛을 띤 연초록 새잎들의 속삭임까지. 예전에 그들은 퍼내도 마르지 않는 내 감동의 우물이었다. 천지가 봄맞이에 분주하고 해마다 반복되지만 항상 똑같지 않은 축제가 벌어지고 있었음을 느끼지 못하였다. 세월의 이치는 변함이 없는데 나만 왜 변해버렸을까.

　작년이었던가. 봄비가 밤새 내린 다음 날 아침, 맑게 갠 하늘을 보며 차에 올랐다. 온통 꽃비를 맞아 보닛에도 와이퍼에도 지붕창에도 분홍빛 꽃잎들이 영롱한 물기를 머금고 누워 있었다. 짙은 청록색 낡은 내 차가 세상에서 가장 화려한 차가 되었다. 운전하는 남편 옆에 앉아 오선에 얹혀 춤을 추는 갈래꽃잎의 율동을 보며 알지 못할 곡조를 흥얼거렸다. 내리라고 채근하는 목소리에 빨리 도착한 것이 오히려 섭섭하였다. 풍선 달린 오색 띠를 휘감고서 유쾌하게 똥땅거리는 깡통들을 끄는 갓 결혼한 부부의 차를 보며 상상하던 들뜬 휘파람 소리가 들려오는 것 같았다. 축복인 양 꽃을 뒤집어쓰고 왔던 길을 되짚어가는 둥글어진 남편의 뒷모습이 길모퉁이를 돌아나갈 때까지 오래 지켜보았다.

　연수를 받던 중에 어느 교수님이 문학을 통해 아이들을 느낄 줄 아는 사람이 되도록 교육해야 한다고 하셨다. 그때 '느낄 줄 알도록 교육받았고 또 너무 잘 느껴서 넘쳐나는 정서로 인해 오히려 힘들 정도이던 사람도 나이를 먹으니 잘 안 느껴지더라.' 하면서 볼멘소리로 속 대꾸를 하였다. 정서적 메마름이 안타깝기는 해도 자신에 대한 질책처럼 느껴져 그랬던 것일까. 머리로 아는 것과 가슴으로 아는 것의 큰 차이를 건성으로 흘려듣고 말았던 것이다. 느낄 줄 안다는 것. 선뜻 생각의 반경으로 들어오지 않던 그 말이 지금 큰 함성이 되어 내게 밀려온다.

지난 몇 주간 참 바빴다. 천천히 걸어보질 못하였다. '느림의 미학'이란 말이 유행어처럼 번져도 마음에 들어오지 않았고, 문득문득 이렇게 살아도 되나 하는 자조적인 생각이 들기도 하였다. 새 학기를 맞았고 외래환자이긴 했지만 병원에도 제법 다녔으며 아들아이 참고서며 과외며 온갖 간섭하느라 정신이 없었다. 주범은 잡념이었다. 정리되지 않고 머릿속을 떠돌던, 욕심에 뿌리를 두고 가지를 친 생각들로 내 뇌세포들은 쉴 새 없이 돌아가는 공장의 기계처럼 소음에 둘러싸여 딴생각을 할 겨를이 없었다. 저 벚나무 둥치만큼에서만 나를 넌지시 건너다보았더라도 팍팍한 삶이 힘들다고 짜증 내지 않을 수 있었으련만. 신음 숨기며 무거운 발걸음 재게 놀리던 그 시간이 꽃비 속에 나앉은 내 눈 안의 풍경 저편으로 사라진다.

꽃잎이 내 발등에 앉았다. 떨어지는 또 다른 꽃잎을 손바닥에 고이 받아 들여다보았다. 실핏줄까지 비쳐나는 투명한 소녀의 볼처럼 아련한 붉음이 싱그럽고, 제법 꽃색을 내는 아랫부분이 애잔하기 그지없다. 꽃잎이 비단처럼 부드러운 살결로 봄빛을 받는다. 버스커 버스커의 노래 「벚꽃 앤딩」을 흥얼거린다. 꽃 빛이 더 바랜 후에 떨어져도 늦지 않을 것을, 오늘은 바람이 너무 설렌다.

마주 보는 이도 없는데 환하게 웃어본다. 안경알을 닦고 다시 세상을 본다. '몽알몽알', '하롱하롱', '소르르' 아까부터 내 입술을 맴도는 고운 낱말 몇 개가 빈 마음에 살며시 들어온다. 가슴 벅차는 봄날, 뜰에 나와 앉아서 나는 생기를 다시 찾은 오스카 와일드의 동화 속 거인이 된다.

CHAPTER 3
녹색 바람

녹음 짙은 여름날 나무 그늘에 서보리라. 조락의 안타까움에 몸 비트는 단풍 든 낙엽을 주워 모으고, 맨몸으로 칼바람에 맞서는 한겨울 침묵의 현장도 지켜보리라.

류류화화 柳柳花花

풍류風柳를 즐긴다. 버들이 바람을 타며 축제 중이다. 이 자리에서만큼은 류류화화柳柳花花를 '버들버들 꽃꽃', 버들의 모습에서 꽃의 아름다움을 본다는 사자성어로 풀어내고 싶다. 김삿갓이 세상을 독하게 살다가 죽은 부자의 만장에 새길 만사를 적어달라는 부탁을 받고 '柳柳花花'라 일필휘지하였다고 한다. '버들버들하다가 꼿꼿하게 죽었다.'는 뜻으로 훈의 뜻과 발음을 살려 죽음을 나타낸 것이다. 누군가는 고인을 희화화한 점잖지 못함을 탓하겠지만 죽음과 삶을 구분하지 않는 불교의 '생사불이'나 '삶과 죽음이 모두 자연'이라는 장자의 철학을 볼 수도 있지 않을까. 어쨌든 풍류객 김삿갓이 선사한 풍자의 멋 때문인지 오늘 아침에도 이 일화는 SNS를 떠돌며 사람들에게 웃음을 보시한다.

　버드나무 순례길은 낭만적이다. 물가에 휘늘어진 버드나무 노거수를 만나면 신선경이 이럴까 감탄하게 된다. 여유로운 몸놀림은 기본이고, 뿌리는 땅에 박았으되 씨앗을 날려 다른 세상을 만나고, 싱싱하게 자라 금세 몸피를 늘린다. 바람에 몸을 실어 눈에 보이는 음악을 만들고, 객과 함께 즐기는 멋쟁이다. 객의 입에서 절로 시문이 흘러나오고, 객과 서정을 주거니 받거니 교감하는 자유로운 심성을 가진 나무다. 남원 광한루에서는 춘향이처럼 능수버들에 기대어 처녀 시절을 상상하기도 하고, 경남수목원 연못가 정자에서는 묵묵히 수양버들의 유연한 곡선을 따라 시선을 옮겨가며 시간을 보내기도 하였다. 가는 곳마다 몸놀림이 멋졌던 희자매의 노래를 흥얼거리며 '태평세월'이란 꽃말이 참 어울린다 싶었다.

　　실버들을 천만사千萬絲 늘여놓고도 가는 봄을 잡지도 못한단 말인가

멋들어진 비유에 마음을 뺏겨 내 목소리가 유장해진다.

천만 개의 끈으로도 가는 세월을 잡지 못하고 임을 보내는 정조가 허망하다.

> 한갓되이 실버들 바람에 늙고 이 내 몸은 시름에 혼자 여위네

작시한 김소월 시인의 눈에 비친 늙어가는 버들의 모습에 가수의 안쓰러운 심사가 투영된다. 수면에 비친 자신의 모습을 버들이 무연히 내려다보듯이, 시인이 버들을 헝클어진 심사로 건너다보듯이…. 서로에게 마음자리를 내주고 있는 것인데 놓친 것이 있는 것 같다. 버들의 입장 말이다. 버들도 봄이 가는 것을 슬퍼할까. 주남저수지에서 본 실버들은 초겨울에도 초록이 제법 무성하였다. 여기저기 새잎이 나서 햇빛에 반짝이는 모습이 경이로울 정도였다. 실버들 잎은 그리 가볍게 나부끼는데 내 머릿속에서 펼쳐지는 천만사千萬思는 무겁기만 하였다.

청송 주산지를 찾았다. 영화 「봄 여름 가을 그리고 겨울」에서 받은 감동을 되새김하러 나선 길이었다. 거기서 '비상'을 외치는 나무들의 비명을 듣게 될 줄이야. 태고의 풍경이라느니 원시의 아름다움이라느니 하는 무의식의 저변을 흔드는 유혹적인 수사는 삼백 년이라는 역사에 잘 어울

린다. 잔잔한 물결에 햇살이 부서지고, 저수지에 산이 담기고 구름이 비쳤다. 그 평화로운 풍경 속에 아이러니하게도 물속에 아랫도리를 담그고 선 왕버들이 사람들 앞에 나신을 드러내었다. 뒤틀어지고 부러지고 찢긴 가지에서 그나마 초록빛 잎들이 "나 살아 있어요."라며 사람들에게 손을 흔드는 장면은 영화에서 볼 때나 멋있는 장면이지 않을까.

물속 버드나무의 푸른 이파리들은 서럽게 우는 듯했다. 몇십 년 전에 저수지 물을 많이 담으려고 수위를 올리다 보니 물가에 살던 왕버들은 물 가운데 자리하게 되었다. 어쩔 것인가. 버들의 뿌리호흡이 어려워지고 말았다. 속이 썩어도 가지가 잎을 계속 피워내는 생명력 덕분에 모자수母子樹라는 경이로운 별명까지 가졌건만 태평세월과는 거리가 멀었다. 버드나무 순례의 목적은 체험과 사진자료 촬영이지만 단체로 죽어가는 다른 생명체의 음울한 신음에 우울해졌다. 온천천에 사는 며칠 보지 못한 상처 입은 내 버드나무의 안부가 궁금해졌다.

버드나무를 키운다. 작년에 구청에다 온천천에 나무를 심으면 좋겠다는 제안을 하였더니 몇 달 뒤 하천가에 군데군데 버드나무 묘목들이 자리를 잡았다. 초라한 줄기에 약간의 잎을 달고 선 그것들을 매일같이 나가서 살핀다. 그중 지난번 범람 때 비스듬히 쓰러지며 굵은 가지가 반나마 찢겨나간 15번 나무가 제일 걱정이었는데 얼마 전 전국에 큰물이 졌을 때 더 참혹해졌다. 하류 쪽으로 비스듬히 넘어진 자세로 가까스로 서 있다. 버팀목 덕분에 쓰러지진 않았지만 물살에 시달린 잎이 축축 늘어져 안 어울리게도 바랭이들의 부축을 받고 있었다. 지푸라기와 쓰레기 조각을 다 떼어내고 최대한 버팀목을 당겨주고 땅을 밟아주었다. 성장이 빠르다지만 물난리가 자주 나는 저지대 하천 변에 묘목을 꽂은 것이 잘한 일일까 걱정스러워 자료를 찾아보았다.

  뜻밖에도 버드나무는 마당발이다. 관음보살이 버들가지를 들고 있는 그림이 제일 먼저 보인다. 세상의 어려움을 보살피는 도구로 선택된 버드나무의 미덕을 따를 것이 뭐가 있을까. 사랑과 이별의 정한, 풍경의 위안, 버들고리, 버드나무 차, 아스피린 원료 등 흥미로운 내용이 많았다. 무엇보다도 버드나무는 개척식물이라 했다. 땅에 뿌리를 박고 공기 중에서 호흡하는 나무가 물가에서 사는 것은 쉬운 일이 아니다. 홍수에 노출되기 쉽고, 뿌리를 땅속으로 굳건히 뻗기도 어려운 일이다. 그런데도 물가에 자리 잡고 하천 제방을 안정시켜 다른 생물들의 삶터를 일구어 주는 것이다. 그러다가 주산지 왕버들처럼 힘들어지는 경우도 있지만, 물을 많이 품고 유연함을 길러 생태계에서 제 역할을 한다. 고마운 일이다. 사람 사는 이치도 그렇지 않은가. 손익을 따지지 않고 솔선하는 사람이 존경을 받는다. 역경을 먼저 도맡는 성정을 가진 사람이 세상을 살찌운다고 나는 굳게 믿고 있다.

  보이는 것만 보다 보면 중요한 것을 놓치기 쉽다. 보이지 않는 곳을 보려고 하는 마음과 눈이 일치될 때 세상은 사람에게나 사물에게나 살 만한 곳이 된다. 길손에게 건넬 물바가지에 버들잎 한 잎을 띄우는 까닭을 알아야 상대에게 감사하게 되고, 버들의 습성을 알아야 위기에 처하였을 때 버드나무보다는 더 안전한 나무에 재빨리 기어오르게 된다. 버드나무에 기어오르다가 여린 가지가 쭉 찢어지거나 아래로 축 처진다면 낭패가 아닌가. 버들의 이름은 부드러움을 품고 있다. 자유롭게 벋는 가지와 뿌리, 휘날리는 날렵하고 보드라운 잎이 세상을 요모조모 세심하게 살핀다.

  물이 버들을 키운다. 버들이 세상을 이롭게 한다. 방랑객 김삿갓이 준 류류화화柳柳花花는 버드나무들이 꼿꼿이 잘 자라기를 바라는 나의 발원문이다. 버드나무 열매가 바람에 날려 습기 있는 어느 흙에서든 발아하여 뿌리를 내려 자라고 군락을 이루는 것은 자연스러운 삶의 과정일 것이다. 버드나무처럼 세상을 보면 어떨까. 사람이 그들의 삶에 훼방꾼이 되지 않고 유유자적悠悠自適이란 사자성어를 함께 즐길 수 있으면 김삿갓도 부럽지 않겠다.

매니큐어

　　　　　　　밤새 생명수라도 뽑아 올린 것일까. 교육대학교 운동장 가장자리를 따라 걷다가 반가운 손님을 만났다. 앙상한 줄기 끝에 피어난 개나리 꽃봉오리가 기특하다. 툭 치면 먼지라도 피어오를 듯 건조한 날씨가 아닌가. 입춘이 아직 먼데 봄을 기다리는 마음이 나처럼 절실했을까. 내일은 또 추워진다는데…. 헝클어진 덤불 속에서 메마른 가지와 물오른 꽃봉오리가 묘하게 어울린다. 예상치 못한 설렘이 발길을 잡는다. 어디서 보았더라. 벤치에 앉아 사진 한 장을 휴대폰 화면으로 불러낸다.

　할머니의 여윈 손등에 뼈대가 유난하다. 접히고 주름진

살갗 아래 두드러진 관절이 아프게 다가들고 구부러진 긴 손가락 사이마다 세월이 일렁인다. 활짝 펴서 앞으로 내민 손이 화면에 가득 차 있다. 흡사 나뭇가지 같은 손가락 끝에 꽃이 피었다. 뒤틀어진 손톱에 화려한 매니큐어가 이채롭다. 신나는 노래도, 야릇한 벨리댄스도, 기이한 마술까지도 할머니께 웃음을 드리지 못했는데, 그분은 매니큐어를 보여주며 웃으셨지. 그것이 잃어버린 여성성에 대한 향수를 불러일으켰던 것일까. 평해에서 돌아온 뒤 열흘이 지났건만 상념은 그곳의 황량한 뜰과 작은 창에 머물러 있다.

문학행사의 마지막 프로그램은 요양원 위문이었다. 전국에서 모인 작가들이지만 한마음으로 뭉쳐 노래방에서 공연을 연습했다. 가족이 있는 분이 반 정도이고 나머지는 행려자들이라는 사전 지식을 얻었지만 모두 치매환자라는 말에는 신경을 쓰지 못하였다. 병의 정도를 몰랐기에 그저 그런가 했던 것이었다. 짐작하지 못한 상황이 벌어졌다. 명가수 A 작가가 목청껏 노래하고, 다른 작가들이 덩실덩실 춤을 추고 있을 때 관객들은 휠체어에 앉아 멍하니 별 반응이 없었다. 간호사의 독려에 마지못해 손바닥을 마주치기도 하지만 허무한 흉내일 따름인 것을. 먹먹한 가슴을 다독이다가 문득 돌아가신 아버지 생각에 눈물이 솟았다. 삶의 끝이 이래도 되는 것인가.

　눈물을 찍어내려 고개를 돌리는데 한 할머니의 손이 눈에 들어왔다. 화려한 매니큐어가 생소하였다. 따뜻한 내 손으로 냉기가 도는 할머니의 손을 꼭꼭 잡아드리고 예쁘다고 말씀드렸더니 두 손을 펴서 보여주셨다. 사진을 찍어드리니 좋아하셨다. 알록달록 멋을 낸 매니큐어가 할머니에게 생기를 주는 단 하나의 치장이었다. 자신의 삶이 이래저래 했다고 말씀하실 수라도 있다면 좋으련만. 언어조차도 잊어가는 할머니에게 기쁨을 준 누군가의 배려가 내 눈물을 긋는다. 살아 있음의 증거라 할 수 있는 모든 욕망을 대리하였을 손은 이제 쉬고 있다. 손으로 했던 모든 일을 남의 손에 맡기고만 지금 할머니의 손은 액자 속의 정물처럼 할 일이 없지만 반짝거리는 매니큐어는 할머니의 소망을 지탱하는 길잡이별이 될 수 있을까.

　동해안에 자리한 외진 요양원은 쓸쓸한 곳이었다. 몇 안 되는 직원들은 열악한 재정 속에 씻기고 먹이는 일에도 지칠 지경이지만 온화한 웃음을 잃지 않았다. 어느 날 시간을 내어 할머니의 손톱에 곱게 수놓아 드린 사람은 누구였을까. 삶에 쫓겨 돌보지 못한 그리움들을 어루만져 주던 그분의 손끝에도 그날 함께 매니큐어가 칠해졌을까. 그분의 마음에도 할머니와 함께 소망의 꽃이 피어났을까. 그리워해야 내일을 살 수 있음을 아는 사람들은 별을 품은 개나리를 닮은 이들이다. 내 손을 맞잡아본다.

  게으른 주인을 만나 호사를 부려보지 못한 밋밋한 손톱이 고개를 든다. 하긴 손톱도 바짝 잘라야 편하니 작달막한 손톱에 치장한들 멋이 날 리도 없으리라. 시장 입구 네일숍에는 늘 손님이 있던데 내게는 상관없는 곳이라 지나칠 따름이었다. 언젠가 남 따라 약지와 소지에 발라보았는데 다 지워지는 데 보름 넘게 걸렸다. 보기 흉해서 안 바르는 것보다 못하다고 친구에게 퉁을 듣기도 하였으니 오히려 손톱에 미안해해야 할 일이 되고 말았다. 내겐 시간 낭비이며 내면의 초라함을 가리는 장치가 아닌가. 긴 손톱을 잘 꾸민 여성을 보면 저렇게 해서 일은 어떻게 하는지 혀를 차는 실정이니 사실 매니큐어에 의미를 부여하는 건 내게 있어 뜻밖의 일이 된다.

  겨울에도 개나리 줄기가 살아 있는지 의심스러운 적이 있었다. 줄기를 꺾어 껍질을 벗겨보니 얇은 포장지처럼 **빠**삭거렸다. 더 궁금해져서 아예 분질러 보았더니 목질부에 어린 연한 습기가 나의 괜한 궁금증을 질책했다. 봄꽃 중에 노란 꽃이 유난히 많은 것을 보며 노랑은 생명의 색이라는 생각을 한다. 노란 원생복을 입고 줄지어 봄나들이를 가는 유치원 아이들 모습을 보며 줄기에 줄줄이 달린 개나리꽃 같다는 생각을 한 적도 있었다. 내가 교정 산책 중에 보는 개나리 꽃봉오리가 할머니의 매니큐어 바른 손톱 모습과 꼭 닮았다. 매니큐어가 할머니 마음에 작은 울림을 만드는 옹달우물이 되고, 비어버린 동공에 찰나의 기쁨을 떠올려 주는 불쏘시개가 되기를.

 가는 붓에 물감을 찍어 슬쩍 찍기만 해도 표현될 작은 꽃봉오리였다. 그것이 벌면 지상에 별들이 반짝이고 사람들은 봄기운에 들떠 행복해질 터이지. 겨울을 인내한 초라한 개나리 덤불에 꽃등이 켜지고 살아 있는 것들은 크게 기지개를 켜고…. 메마른 줄기에 초록 물이 돌고, 꽃이 잎이 연달아 피어날 풍요로운 봄은 작은 꽃봉오리로부터 시작되는 것인가. 꽃만 볼 수는 없는 일이다. 거친 가지 속을 훑고 다니는 생명의 물을 떠올리지 못한다면 제대로 본 것이라 할 수 없을 것을. 휴대폰 수첩에 아름다운 것들에 대해 정리하고 있다. 매니큐어에 인색한 내 평가를 지우고 치매할머니의 매니큐어를 목록에 올린다.

 마른 가지 끝에 개나리 꽃눈이 노란 매니큐어를 바르고 봄을 부른다. 할머니의 매니큐어가 매니 케어를 불러올 수 있다면 얼마나 좋을까. 요양원 할머니들의 손톱마다 자원봉사자의 정성이 개나리꽃처럼 만발하는 봄날이 되면 나도 매니큐어를 칠해보고 싶다.

서향과 장구댁

　　　　　　　바싹 말라버렸다. 검붉은 빛 도는 마른 줄기가 둥근 수형 그대로 박제되어 버렸는데 이게 무슨 일인가. 몇십 년을 함께한 성숙한 나무가 며칠 사이에 이럴 수가 있을까. 알아봐도 원인을 아는 사람이 없었다. 황매와 철쭉 사이에서 어깨를 겯고 출입 때마다 내 눈도장을 받던 서향나무가 아니던가. 『양화소록』에는 이 나무를 "한 송이 꽃이 터져 나오면 향기가 온 뜰에 가득하고 꽃이 활짝 피면 그윽한 향기가 십 리나 멀리까지 퍼진다."라고 하였다. 오랜 세월 그리도 향 보시를 해주더니, 지쳤던 것일까.

　내 키만 한 서향나무가 차지한 곳은 우리 집 출입구 옆

화단이다. 곁방살이, 전세살이를 거쳐 조그마한 내 집을 마련했을 때 얼마나 들떴던가. 매일같이 쓸고 닦고 반짝거리는 집을 보며 부족함이 없었다. 집 앞 계단에 내 눈에만 보이는 주단을 깔고 사뿐거리며 걸을 수 있었다. 고군분투하여 깃발을 꽂고 나니 이사 다니느라 기웃거리던 이 동네, 저 동네보다 내가 깃든 내 동네가 최고라고 여겼다. 집은 내 몸과 정신의 거처였다. 삼십 년 넘게 사는 우리 아파트 단지 구석구석에 나무 한 그루, 풀 한 포기가 낯익은 친구가 되어 있다. 그중 향으로 내 낡은 집을 장식해 주던 내가 가장 귀히 여기던 천리향이 고사목이 되었으니.

그 나무 앞에 서면 장구댁네가 떠오른다. 노년의 주민이 많은 우리 동에서 그들이 흩뿌리는 젊은 기운이 좋았다. 천리향 향기만큼이나 유쾌한 사람들이었다. 국악을 하는 아내와 사업을 하는 남편 사이에 아들 하나를 키웠다. 말끔하고 인사성 밝던 그들 덕분에 조용하던 아파트 입구가 정이 넘쳤고, 엘리베이터 안에서도 함께 사는 것의 소중함을 느낄 수 있었다. 예술가답게 옷 입는 감각도 뛰어나고, 나이 많은 우리를 공대하며, 아들에게 깍듯한 예절을 가르치던 그들이 보이지 않은 지 몇 달이 흘렀다. 오랜 세월 함께하였어도 이런 부재는 없었는데 무슨 일이 생긴 것일까. 짐작이

장마철 들풀처럼 무성해져도 계단을 오르다가 때로 생각에 잠기는 것 말고 별도리가 없었다. 그다지 역할도 하지 못하는 내게 '반장님'이라며 이것저것 의논도 많이 했는데….

초인종 소리는 공허한 메아리였다. 6층 장구댁네는 혼자 있게 해달라는 듯 육중한 침묵에 빠져 있었다. 거미줄에 얽힌 마른 모기가 흔들리고, 문 앞에는 택배 상자, 문 위에는 온갖 스티커들이 주인의 부재가 여전함을 알렸다. 내가 붙여놓은 연락 쪽지도 유효기간을 넘긴 지 오래고, 한때는 반짝거리던 금색 명패도 빛을 잃었다. 경첩에 쳐진 거미줄과 먼지 뭉치가 황량한 사막에 구르는 마른 가시풀 더미 같아서 정리를 할까 하다가 그냥 두었다. 주인 없는 그것들의 남루함이 나의 접근을 막았다. 무기척이 명패가 되어가는 그 집 대문 앞을 지날 때마다 마음에 허한 바람이 일었다. 법원에서 온 최고장이 숫자를 늘리자 이젠 불안이 세력을 불렸다. 깨끗이 정리하면 장구댁이 돌아오지 못할 것 같은 주술적 전조가 뇌리에 똬리를 틀었다.

어릴 적 우리 집에는 세 가구가 살았다. 본채에는 주인댁과 세든 우리가 살고, 아래채에는 내 또래의 준이와 홀어머니가 살았다. 그 어머니가 행상을 나가면 그 애는 나랑 곧잘 놀았는데 어느 밤에 모자가 사라져 버린 것이었다. 툴툴거리며 울화를 쏟아내는 집주인 아주머니를 보며 을이라는 연대의식이 작용했을까. 새로운 세입자가 들어올 때까지 괜히 아래채를 기웃거리며 나는 이유도 모르고 기가 죽었었다. 내내 안부가 궁금했지만 그들은 돌아오지 않았다. 지금은 어엿한 가장으로 일가를 이루었겠지만 그때 그들이 가진 그림자를 짐작하기 어렵지 않다. 뉴스를 보기 괴로울 정도로 수상한 세월을 살고 있지 않은가. 천정부지로 뛰는 집세와 실업, 코로나로 인한 두려움과 엄청난 경제손실까지 떠안은 사람들은 지금 마르는 중이다. 복지의 체에 걸러지지 못한 사람들에게 어둠을 감싸줄 향기로운 소식은 없는 것일까. 천 리를 못 가고, 서로 주변만 비추더라도 비극은 막을 수 있지 않을까.

장구댁 집이 경매로 넘어갔단다. 원주인과 연락이 안 되니 새로 이사 오게 된 사람은 전 주인이 남기고 간 세간살이를 어찌해야 할지 고민이라 하더란다. 어안이 벙벙했다. 이문에 밝지 않은 나로서는 경매로 팔렸다는 말에 장구댁의 곤고함이 어느 정도일까 하는 걱정이 더해져 할 말을 잊었다. 돈이 절박하게 필요한 사람이 감수한 '억 억' 소리가 날 정도의 손해를 이해하고 싶지 않지만, 봇물을 틀어막는다는 의미로 본다면 팔려서 다행이라 여겨야 하는 것일까.

얼마나 옥죄었으면 몸만 피해야 했단 말인가. 코로나로 인한 고립 때문에 이웃이 외로이 떠난 사실도 몰랐다. 오십 대 초반으로 보이던 그들이 짊어진 멍에는 어느 정도일까. 어디서 새로운 터를 잡아 일어설 것인가.

  서향나무 자리가 휑하게 비었다. 관리실에서 결정을 내린 모양이다. 서운한 마음에 기억 속의 나무와 밀담을 나눈다. 오종종한 꽃을 들여다보며 함께 수다 떨던 그날처럼 장구댁의 씩씩한 목소리를 듣고 싶다. 어둠이 깊으면 동살은 더 환하리란 기대를 안고 계단을 오른다. 준비된 묘목이 자라 꽃을 피우면 천리만리 상서로운 향기가 그녀에게 가닿았으면 좋겠다.

능소화 블루스

　　　　　　　　프리허그가 유행한 적이 있었다. 고독하고 건조한 현대인의 삶을 대가 없이 안아주는 사람들의 모습은 신선하고 감동적이었다. 구부러지는 두 팔만 있다면 남을 행복하게 만들 수 있음을 알게 되었다. 어찌 남만 행복해지겠는가. 포옹은 함께 행복해지는 포용의 몸짓이다. 흥이 이어지면 적절한 간격을 유지한 채 두 사람이 손과 어깨를 맞잡고 추는 우아한 블루스 스텝이 이어지고, 포옹에서 이어진 춤은 둘만의 기쁨을 넘어 세상에 행복을 나눠주는 신성한 의식이 된다. 하는 이도 보는 이도 가슴이 따듯해진다.
　소나무와 능소화의 댄스가 한창이었다. 내리는 실비를

맞으며 둘은 대웅전 앞마당에서 한껏 몰입한 채 블루스를 즐기는 모습으로 우리를 맞았다. 백 년이 넘은 소나무의 아름드리 둥치는 짐짓 몸을 비틀고, 그 우람한 몸을 능소화 줄기가 감싸 오르며 고급스러운 춤사위를 이뤄내었다. 주황의 밝음으로 점점이 등을 밝힌 능소화는 오늘이 절정인 듯 환희에 차 있고, 작은 새들의 지저귐 속에 소나무의 튼실한 기둥과 짙은 잎은 더욱 생각이 깊어진 듯하다. 둘이 합심하여 드리는 춤 공양에 부처님은 얼마나 기꺼우실까.

금어사 뜰에서 차를 마신다. 능소화가 만발하였다는 월강 스님의 전언에 우산을 받고 절을 찾았다. 파라솔 아래에서 차회를 한다. 금정산의 산 기운이 포근한 절 마당에서 오랜 세월 도를 닦은 소나무를 감고 자란 능소화가 비에 씻기고 있다. 노리끼리하고 맑은 녹차를 음미하며 세상사 번뇌를 접어두고 나니 스님과 나누는 대화가 역사 속 초의선사와 추사의 만남에 못지않다. 내 수양의 정도나 차에 대한 지식이야 그분들의 발끝에도 이르지 못하겠지만 이슬비와 함께 저 의젓한 소나무와 능소화의 블루스를 마음으로 몸으로 즐기는 이 시간에는 그게 뭐 중요할까. 마음을 비우고 나니 그 빈자리에 향이 밴다.

발아래 화려한 꽃방석을 깔았다. 비 오는 날은 더욱 많이 피고 더 많이 떨어진다고 하는데 나무 발치에 수북이 쌓인 모습에서 청춘의 한때를 떠올리고 기억하고자 하는 동류의 식을 느낀다. 내가 부대끼고 어울리며 친구로 동료로 그 시간을 손잡고 함께 스텝을 밟았던 이들은 지금 무얼 하고 있을까. 한창 아름다운 모습으로 온몸의 형체를 보존한 채 꽃받침에서 이탈해 버리는 능소화의 용기는 어디서 오는 것일까. 이별에 있어서도 정갈하게 몸을 갈무리하는 저 독한 열정으로 능소화 줄기는 우둘투둘한 소나무 보굿을 살며시 잡으며 기어오르고, 이제 내 키의 몇 배나 되는 저 위 소나무 우듬지에까지 영역을 넓혔다. 능소화처럼 다른 이를 껴안고 살고자 하는 친밀한 몸짓은 갈등葛藤과는 아예 바탕부터 다른 것 같다.

갈과 등의 몸짓은 침략의 몸짓이다. 순식간에 덩굴을 뻗고, 나무든 풀이든 빈 땅이든 가리지 않고 덮어나간다. 용맹한 무사처럼 들이닥치는 칡넝쿨과 등나무 줄기는 얼마 지나지 않아 그 지역의 전제군주가 된다. 빈틈없이 뒤덮어 죄고 감고, 잎으로 뒤덮어 타인의 광합성을 막아버리는 저 무지막지한 생명력 때문에 통한에 몸부림친 식물이 그 얼마일까. 부지런한 농부가 낫으로 정리도 해보지만 칡의 무시무시한 세력을 꺾기에는 역부족인 것 같다. 그리하여 금정산 등운곡藤雲谷의 주인 자리도 얽히고설킨 등나무가 꿰 찼고 그들이 천연기념물이 되었다.

여행 중에 초록이 무성한 비탈이나 사람 손 가지 않는 시골마을 길옆 도로에 차를 세우기도 한다. 찬란한 햇빛을 받으며 초록 세상에 환희를 느낄 즈음 자세히 보면 관목들이 칡 줄기에 포박당하고 칡잎을 둘러쓴 채 허덕이고 있음을 확인할 수 있다. 한때는 싱싱한 먹거리가 들어차 있었을 밭과 시골집 창고까지도 점령한 둥그런 칡잎들…. 범어사 등나무 자생군락지의 등꽃은 구름처럼 아름답지만 기실 등줄기에 감긴 팽나무와 소나무들은 사는 게 사는 게 아니다. 다양한 생명이 어울려 살아가는 모습이 가장 보기 좋은 세상이라 여기기에 식민지 총독의 기세를 보는 양하여 불편하다. 남을 죽여야만 내가 사는 정글의 원칙을 논하는 것이 피하지 못하는 갈등의 서글픈 본성이라 싶으니 서글퍼진다.

능소화의 블루스는 남다른 데가 있다. 오랜 세월 지켜봐도 능소화는 소나무를 파고들거나 뒤덮어 소나무의 식생을 방해하지 않았다. 스님이 관찰한 바로는 능소화의 주거정책은 몸을 기대어 함께 사는 것이라고 하였다. 별다른 장식 없이 우둘투둘한 소나무의 둥치를 감싸안고 사계절 동안 잎으로 줄기로 꽃으로 자신을 표현하고 소나무를 장식하며 침잠과 환희의 시간을 함께 즐기는 것이라 하였다. 군자의 풍채를 가졌으나 사철 푸른 바늘잎과 고동색 몸통에 심심해질 즈음, 자신과 달리 부드러운 잎과 꽃, 단풍과 다소 철학적 분위기를 풍기는 메마른 줄기를 보는 소나무의 기쁨 또한 크지 않았으랴.

능소화는 상생의 기쁨을 아는 군자다. 지주나무의 몸을 파고들지 않는 것은 덕이기도 지혜이기도 하다. 지금의 욕심을 위해 지주를 죽인다면 죽은 나무가 쓰러질 때 덩굴로 감은 나무도 같이 베어짐을 아는 것이 지혜다. 김해문화재단 초청으로 매주 김해 한옥체험관에 수필창작 강의를 하러 다닐 때였다. 능소화가 피는 시절에는 강의 후 귀가시간이 늦춰졌다. 바로 옆 김수로 왕릉을 두른 기와 올린 담벼락을 즐기기 위함이었다. 정확히 말하자면 기와를 얹은 돌담에 축축 늘어진 가지마다 주황빛 꽃등을 환하게 피워 올린 능소화가 발길을 붙잡았기 때문이었다. 더위도 저 열정을 이기지 못하리라는 생각에 능소화는 내게 원기소가 되고 비타민이 되었다. 한겨울 잎 지고 줄기만 앙상하게 담을 부여잡고 있을 때도 내가 화려한 꽃 여름을 떠올려 몸과 마음을 덥힐 수 있음에 감사하였다.

통꽃의 단순함과 명료함이 좋았다. 꼬이고 꼬여 풀기 어려운 숙제를 안은 듯 살아가는 사람들이 얼마나 많은가. 남을 비난하기를 사명처럼 하고, 감사하는 것은 판에 박힌 기도사에만 아낌없이 적용하는 사람이 있고, 타인의 배려를 거저 얻은 일회용 무릎담요처럼 하찮게 여기는 사람도 있다. 이기기 위해, 아니면 잘잘못을 가리기 위해 갈등의 바다를 헤매기도 했었다. 그러다 보니 금어사 홍송과 능소화의 블루스를 해마다 보면서도 내 마음을 덮은 해무를 완전히 걷을 수는 없었다. 오늘은 저들의 몸짓을 저들의 스텝을 온몸으로 느끼며 깨어지지 않는 거울을 꺼내 든다. 올해 또 내년 그리고…. 무구의 경지를 자주 보다 보면 모도 순해질 것을 믿는다.

  말금한 찻물이 오늘따라 순하다. 파라솔에 떨어지는 빗방울 소리가 오선지를 그리고, 홍송과 능소화는 내내 스텝을 밟는다. 절 마당에 선 돌부처의 시선이 오늘따라 더 온유하다. 키 큰 그들이 키 작은 나를 내려다본다. 화화중생生花和衆生이라. 두 손을 모으고 보니 그들이 모두 부처인 것만 같다.

보랏빛 꽃등

연보랏빛 꽃타래가 눈부시다. 이해인의 시 「등꽃 아래서」를 낭송해 본다.

혼자서 등꽃 아래 서면
누군가를 위해
꽃등을 밝히고 싶은 마음

조롱조롱한 등불 아래에 앉으면 시간이 정지된다. 고즈넉하게 그냥 그대로 존재한다는 데만 의미를 두어도 그것이 세상에 가장 가치 있는 일로 여겨진다. 어쩌다 매끄러운 꽃잎이라도 무릎에 떨어지면 그것 하나를 손에 들고 오랜 시간 생각에 잠긴다. 보랏빛 꽃레이스 커튼 아래서 상념의 바다에 빠진다.

　어린 시절을 남해에서 보내다 진주로 유학을 갔다. 새로 깃든 진주여고에도 등나무 쉼터가 있었다. 뭐든 심각하게 의미를 부여하는 것을 좋아했던 문학소녀라 그랬을까. 등나무 그늘은 내 공상의 산실이 되었다. 봄이면 벤치에 누워 연두 물오르는 부드러운 새잎과 얽힌 가지 사이에 조각조각 끼인 하늘이 반짝이는 모습을 지켜보았다. 바람 냄새 싱그러운 이맘때에는 실눈을 뜨고 몽상의 바다를 헤매기도 하였다. 온통 나를 향해 쏟아져 내릴 것만 같은 등꽃의 시선은 얼마나 눈부셨던가. 등꽃은 할아버지 약방의 천장에 달린 약봉지 같기도 하였다. 봉지마다 꿈을 나눠 담고 나는 보랏빛 약방의 주인이 되었다.

　그때가 내 삶의 오월이었지 싶다. 보랏빛 꽃등처럼 봉긋하게 부풀어 오르던 훗날에 대한 기대로 눈은 높았고, 자연이며 책이며 시와 우정 같은 것들로 가슴이 벅찼다. 입시의 좁은 문조차 별 방해꾼이 되지 못하여서 나는 틈이 날 때마다 등나무 벤치를 찾았다. 내가 앉아서 시를 외고, 소설을 읽던 그 자리는 아직 그대로 있을까. 유난히 향이 짙었던 그 시절의 보랏빛 향연에 다시 초대받고 싶다. 긴 세월을 살아내느라 이제는 희미해진 감성의 불씨에 다시 불꽃이 당겨질 수 있겠다는 기대를 한다면 어이없는 일이 될까.

그날도 혼자 생각의 덩굴을 엮고 있었다. 얇은 생활복 위에 슬쩍 치는 느낌이 전해져 왔다. 연두와 보라가 묘하게 배합된 통통하게 살찐 등나무 애벌레였다. 외갓집 잠실에서 보았던 삼령누에만큼이나 자란 그것이 움츠렸다 폈다 하며 멀어져 갔다. 살펴보니 우거진 잎 사이에 여기저기 많기도 하였다. 점심시간마다 들르던 발길을 도서관으로 돌려버렸다. 우연히 주변을 지나게 되어도 눈길만 잠시 줄 뿐 가까이 갈 용기가 나지 않았다. 숨어서 등꽃의 아름다움을 좀먹던 소름 끼치는 벌레들을 잊을 수 없었다. 회피하고 외면하는 것 외에 다른 조치를 하기에는 내가 한참 서툴고 어렸다.

청소용구를 챙겼다. 어제 내린 제법 많은 양의 비로 인해 등나무 벤치는 아수라장을 방불케 하였다. 퍼렇게 멍이 들어 항복해 버린 꽃들은 지친 채 땅에 누웠다. 모체에서 떨어진 뒤, 찬 땅에서도 휴식을 취하지 못하는 가련한 꽃이여. 물에 쓸려 합쳐지고 흩어지기를 수차례나 한 끝에 꽃은 칙칙한 갈색으로 변해버렸고 형태조차 지키지 못해 형언하기조차 애처롭다. 쓸어모아서 쓰레받기로 물통에 퍼 담았다. 환한 햇빛 아래서 더욱 싱싱하게 빛나는 나무에 매달린 꽃 숭어리들 때문일까. 물통 속 꽃들은 더러움보다는 안쓰러움이 더하다.

  등꽃에서 사람을 본다. 고운 자태를 유지한 채 마른 땅에 누운 꽃은 평화롭게 잠든 아이의 모습 같기도 하고, 고르게 숨 쉬며 잠든 잠자리에서 자는 잠에 삶을 정리하는 운 좋은 사람 같기도 하다. 바람과 물에 쓸려 그 자태를 잃고 흙과 함께 물통에 담긴 저 꽃송이는 무엇에 비할까. 삶이 고되어 온갖 병과 괴로움에 시달리다가 어렵게 죽음을 맞은 사람의 운명과 비슷하다는 생각이 든다. 죽음을 어떻게 맞았든 사람으로 태어나서 살아 있는 동안 자신의 몫을 제대로 했다면 남은 이들은 오래오래 그를 잊지 못한다. 산 자에게 기억되는 죽은 자는 잊히기 전까지는 영원히 산 자가 아닐까. 등꽃의 시신을 거두지만 찬란했던 자태와 향기로운 체취는 내 곁에 남았다.

  머리 위에서 꿀벌이 잉잉거린다.

    때가 되면 아낌없이
    보랏빛 보랏빛으로

무너져 내리는 등꽃의 겸허함을

배워야 하리

시인의 마음을 이해할 것 같다. 한발 물러서서 바라보고 조금 더 안타까운 눈으로 사물을 보려 한다. 모두가 연륜이 준 선물이 아닐까. 조심조심 지쳐 누운 꽃들을 쓸어 담는다.

은행나무 동화

　　　　　　　가을이 가고 있다. 얼마 지나지 않아 잎맥이 앙상한 노란 나비들이 포도를 구르고 찬비에 젖어 누워 이별의 아픔을 말할 것이다. 여기저기 흩어져 제 갈 길이 어딘지 모르는 은행잎을 보면 왠지 서러워진다. 하지만 추운 겨울밤, 가로에 지펴진 연탄불에 파랗게 익어가는 은행알을 들여다보면 그리운 이들의 정이 안개처럼 피어오르겠지. 후후 속껍질을 불어내는 노점 아저씨의 굵은 면장갑에 안긴 채 은행은 어깨를 감싸안은 연인들을 기다리겠지.
　은행을 볶는다. 기름을 두른 뜨거운 프라이팬에서 소금과 같이 뒹굴며 은행알은 연기도 내지 않고 새파랗게 익어

간다. 은행을 익히는 건 제독의 과정이다. 은행나무가 천 년에서 사천 년까지 산다고 하니 냄새나 독성은 자신을 지키기 위한 방패막이라 짐작해 본다. 굵은 알맹이가 제법 군침을 돋운다. 뚜껑을 덮고 김을 올리려 하였더니 뜨겁다고 팡팡 뛰기도 한다. 나무젓가락으로 하나씩 굴려주며 정성스레 살핀다. 다시 휘휘 저어보니 제법 누렇게 덴 살이 여기저기 보인다. 속껍질이 **빠닥빠닥** 쪼그라져서 모자 벗듯 쉽게 벗겨질 때쯤 불을 끈다.

 오전 내내 은행을 깠다. 손가락을 다칠세라 작은 스패너를 모로 세워서 살살 쳤다. 딱딱하고 매끈하게 쭉 빠진 중과피에 세로줄이 선명한데 그 모서리를 적당한 힘으로 쳐야만 과육을 다치지 않고 목적을 이룰 수 있다. 어쩌다 조금 빗맞거나 세기 조절을 잘못하기라도 하면 으깨어지거나 조각나서 상품 가치를 잃게 된다. 한 번은 조금 깨진 틈새로 무리하게 손톱을 집어넣어 껍질을 떼어내려고 하다가 살갗을 찔려 피가 나기도 하였다. 손끝이 아리고 구부린 등줄기가 **뻐근**해져서야 그릇에 소복이 담긴 은행알을 볼 수 있었다.

 달포 전, 다스림 문학동인 월례모임 때였다. 막내가 선물이라며 커다란 상자를 들고 나타났다. 대바구니마다 깨끗하게 씻긴 은행이 가득 담겨 있었다. 직접 구덕운동장 가의 은행나무를 털었단다. 은행을 줍고 씻고 말려서 바구니에 담고, 고이 포장해서 우리들 손에 하나씩 쥐여준 것이다. "언니 꺼." 그녀가 내 몫을 건넸다. 대바구니의 무게가 손목을 묵직하게 눌렀다. 덥석 받기는 했지만 놀랍기만 하였다. 은행이 풍기는 악취는 가히 최상급 아니던가. 잘못 다루면 손이 벌겋게 붓기도 한다는데 세척하고 가피하는 과정의 고통을 나는 짐작도 못 할 정도가 아닌가.

그녀는 포항에서 부산으로 시집을 왔다. 올망졸망한 아이 셋을 데리고 제법 큰 식당의 며느리로서 손에 물 마를 날 없이 살고 있다. 친구나 피붙이 하나 없는 부산에서 시부모님 모시고 사느라 친정 나들이는 꿈도 꾸지 못하고 그저 꿈에서나 전화로나 부모님을 그리는 외로운 처지이다. 은행 선물을 받고는 모두 말을 잃었다. 준 것보다 많이 받았기 때문에 느끼는 당황스러움이랄까. 자주 챙겨주고 속내를 표현해 주지 못한 미안함으로 나는 얼굴을 붉혔다. 손이 많이 가는 작업 내내 그녀는 우리를 생각했을 것이고 또 행복했을 것이다. 애정으로 닦은 은행의 딱딱한 껍질에 윤기가 돈다. 화장대 거울 앞에 고이 모셔두었다.

날마다 들르는 테니스 코트의 그물 벽 가까이에 제법 풍채가 우람한 은행나무 한 그루가 떡 버티고 있다. 여름의 쨍한 햇빛을 피해 그 그늘 벤치에 앉아 땀을 식히기도 하고, 때로는 떨어지는 잎을 보며 조락의 의미를 생각해 보기도 하였다. 얼마 전부터는 떨어진 은행이 발에 밟혀 고약한 냄새를 풍긴다고 모두들 불평이 이만저만이 아니었다. 구르는 은행을 이리저리 쓸어모아 수북한데도 나는 막내처럼 나를 아는 이들을 떠올리지 못하였다. 봄부터 가을까지 은행나무가 생명의 정수를 모아 빚어낸 그 소중한 결정체를 무시하였다. 해마다 동네 사람들에게 은행 줍는 기간을 제공하기도 했지만 나는 거들떠보지도 않았다. "눈으로 보지 말고 마음으로 보라."는 말이 있다. 마음의 눈길을 구르는 은행에 보냈더라면 나도 아마 그것들을 소중히 주워 모으지 않았을까.

연전에 서울에 사는 친구가 메일을 보내왔다. 전문은 간단하였다.

> IMF 때문에 먹고 살기 힘든 사람 둘이서 은행을 털기로 모의하였습니다. 몇 시간 뒤 긴 장대를 들고나온 두 사람은 지독한 구린내 나는 은행을 열심히 털어 마대자루에 넣고 유유히 사라졌답니다.

'저런, 범죄를 저질렀군. 얼마나 살기 힘들면 그랬을까. 쯧쯧. 은행은 또 얼마나 검은돈을 챙겼기에 구린내라는 말을 듣나. 대체 어디서 일어난 일이야.' 처음에는 경제적 어려움 때문에 사회가 멍들었다는 심각한 이야기를 하는 줄로만 알았다. 다시 그 글을 읽는데 가슴이 찡하였다. 서투르지만 제 나름의 유머를 구사한 친구의 마음이 거기 있었다. 이런저런 어려움에 봉착하여 짜증스러운 지경에 있었던 나를 위로할 요량이었나 보았다.

은행은 목 질환에 명약이다. 직업병인지 환절기에 내 목에는 비상이 걸린다. 겨우내 마스크와 목도리, 보온병이 필수 소지품이 되는 까닭이다. 은행을 사러 부전시장에 가면 가게 주인 할머니는 나를 보고 단골이라며 듬뿍 얹어주신다. 은행이 속껍질을 벗는다. 볶은 은행을 조심스레 담았다. 투명한 연두색의 원만한 구체들이 제법 소도록하였다. 대바구니에 은박지를 까니 더 태깔이 나서 마음이 흡족하였다. 은행을 집어들 때마다 막내의 마디 유난한 가는 손가락과 잘하지도 못하는 농담을 손질하느라 애쓴 친구의 다정한 눈빛이 생각날 것만 같다. 게다가 곰팡이 피어 버려야 할까 봐 손가락을 다치면서도 부랴부랴 손질하여 볶은 내 마음이 거기에 얹혔다.

은행나무가 동화를 만든다. 연둣빛 싹이 돋고 파랗게 녹음이 무성해지더니 어느새 황금빛으로 변신한 은행잎은 열매를 남기고 낙엽이 되어 이제 부식의 길로 접어든다. 나무의 뿌리로 스며들어 내년을 기약하려 한다. 은행알은 내 목의 염증을 다스리고, 벗은 내 마음의 빈터를 채운다. 모두 벗은 은행나무 곁에 서더라도 올겨울은 춥지 않을 것 같다.

희망 사항

　　　　　　　　　철로 변 철책은 초록색이다. 기찻길을 따라 걷는 출근길은 도심인데도 시골길을 걷는 듯 여유롭다. 그물망 안에 가둬진 화초들의 변화를 점검하는 일, 여유로운 동해남부선 기차에 간혹 사람이 보이면 손을 흔들어 주는 일, 자주 마주치는 사람들과 목례하는 일이 일과가 되었다.
　며칠 전이었다. 초록 그물망에 낯선 꽃이 피었다.

　제발 가져가지 마세요. 오늘은 **의 좋은 날이랍니다. 기쁨은 나누면 배가 됩니다. 그리고 모두들 행복하세요.

정성껏 꾸민 카드 위에는 장미꽃 두 송이가 예쁜 리본에 묶여 철책을 장식하고 있었다. 정확히 다섯 걸음마다 한 장씩 모두 열 군데를 장식한 카드와 붉은 장미를 보고 가슴이 뛰었다. 이틀 뒤 걷힐 때까지 훼손된 장미꽃은 한 송이도 없었다.

오늘 저녁 텔레비전 드라마의 주인공은 재벌의 아들과 연인이다. 프로포즈를 위해 일급 레스토랑을 몽땅 비우고 그들만의 예약을 한다. 향기로운 와인과 음악, 그리고 불꽃놀이까지 준비하고 매니저와 이벤트 순서를 미리 의논한다. 조금 있으면 청년은 반짝이는 목걸이를 아가씨의 목에 걸어준 뒤 그녀의 어깨에 손을 두르고 함께 사랑의 스텝을 밟을 것이다. 어쩌면 그랜드 피아노 건반을 두드리며 세레나데를 부를지도 모르겠다.

거리나 공원에서 손을 잡고 걷는 이들을 보면 한번 뒤돌아보게 된다. 그들이 어르신이건 청춘이건 삶의 여유가 느껴져 가슴이 뿌듯하기 때문이다. 지금은 벗어났지만 한동안 남편의 손을 잡고 거니는 것이 간절한 바람이던 때가 있었다. 무뚝뚝한 남편은 거리에서 내가 손을 잠깐 잡을라치면 금세 굳으며 혀를 끌끌 찼다. 동방예의지국의 유교적 사고방식에 비추어 볼 때 그의 행동은 참으로 점잖고 바람직하여 은근히 믿음직스럽기도 하였다. 하지만 마음 한구석에는 아쉬움이 똬리를 틀었다. 오십을 넘어서면서 그는 조금 변하였다. 손을 잡으면 몇 분 정도 참다가 가만히 손을 밀친다. 그 몇 분의 길이가 살면서 쌓인 정의 깊이는 아닐까 싶어 고마운 마음이 들기도 한다.

이벤트로 가득 찬 세상인 것 같다. 특히 젊은이들의 기지는 놀랄 정도여서 부럽기 짝이 없다. 지난밤 온천천 지하철 교각 아래에는 젊은이들이 바닥에 글자를 수놓고 있었다. 어찌나 진지한지 밟지 않으려고 조심해서 걸었다. 우리는 말 한마디, 다정한 격려 한마디도 입속에서 우물거리다 삼켜버리던 숫기 없는 7~80년대의 주류들이었다. 즐겨 들었던 「눈으로 말해요」나 「마음에서 마음으로」 또는 「그저 바라볼 수만 있어도」 등의 노랫말처럼 그저 그러려니 하고 사는 것이 미덕으로 받아들여졌다. 사귀다가도 서로의 마음을 오해하여 힘들어하는 경우도 많았다. 대부분 연애에 서툴렀다.

새벽에 아무도 모르게 철책에 장미꽃을 묶은 것은 아직 세상 풍파를 겪지 않은 고운 이십 대의 손길이었을 것 같다. 이 길을 걸어 다니는 연인을 위해 풋풋한 이벤트를 마련하는 내내 얼마나 행복했으랴. 도와주는 친구 한 명 곁에 있었으면 더욱 뿌듯했겠다. 글을 읽고 장미꽃을 보며 출근한 연인은 일하는 내내 장미꽃이 상징하는 꽃말에 취해 가슴이 두근거렸을 것이다. 꽃이 내려진 뒤에도 이 길은 그 연인에게는 추억의 길, 장미 향기가 진동하는 길이 되지 않을까.

표현하는 삶, 건강한 젊은이들의 열린 생각이 눈부시다. 자기를 표현하기에 서툴러서 머뭇대다 놓쳐버린 기회를 아쉬워한 적이 없다고 누군들 자신 있게 말할 수 있으랴. 나는 네가 아니고, 너도 내가 아니다. 말하지 않는데 어찌 다 알겠는가. 점잖음은 미덕이지만 사랑에 있어서는 장해물이 되고 만다. 오해의 꼬투리는 작아도 구름처럼 부풀어 올라 한 사람의 삶을 삼킬 수 있다. 상대에게 다가서는 자신감이 미덕인 시대가 아닌가. 눈치채 주기만 기대하다가는 마음속에 갈증과 안타까움만 쌓이게 될까 봐 걱정스럽다.

드라마 속 주인공들처럼 과시적인 이벤트는 멋이 없다. 그 풍요로움에 혹해 사랑을 약속한다면 그녀의 사랑은 위험해질 수도 있다. 현실성도 없지만 열심히 일해 번 돈을 순간에 그렇게 쏟아붓는 것은 알뜰한 대부분의 사람에게는 부담만 줄 뿐이다. 나 같은 보통 사람이 혹여 그런 자리에 초대된다면 주눅 들어 포도주 글라스를 엎지르거나 상대의 발을 밟게 될지도 모를 일이다. 멋은 금칠이 내는 반짝거림에 있지 않고 간절한 열망과 순수한 사랑에서 나오는 것이 아닐까.

　기억에 남는 이벤트는 소박하면서도 향기로운 것일 터이다. 장미가 두 송이였기에 더 감동적이었지 싶다. 커다란 꽃다발이 열 군데 매달려 있었다면 주인공도 보는 행인도 부담스럽지 않았을까. 우리 어머님이 이 글을 보시면 언제 철이 드냐고 하시겠지만 내게 가장 현실적이고 소중한 이벤트는 산책 중에 남편이 스스로 내 손을 잡는 것이라 여긴다. 몇십 년 뒤 걸음이 자꾸만 뒤처지는 아내가 안쓰러워질 때쯤엔 가능해질까. 내 입으로 말하지 않고 소원을 이루는 것, 좀 더 일찍 그런 호사를 누리게 될 가능성은 없어 보인다.

　꿈은 이루어진다 하였다. 나의 소박한 희망 사항은 여전히 유효하다. 거기에 장미꽃까지 더해진다면 더 바랄 나위가 없겠다.

북향화 北向花

목련이 몸을 풀었다. 꽃등이 진회색 가지 하나씩을 차지하고 봄 뜰을 달군다. 긴 겨울 동안 안으로 다진 기도와 사랑을 한꺼번에 뿜어내는 숨결이 달다. 둥두렷이 떠올라 바람의 고운 결을 따라 흘러가 버릴 것 같은 생각에 나무의 밑동에 기대앉아 그림자를 보탠다.

목련의 꽃말로는 '은혜, 존경, 연모, 자연에의 사랑' 등이 거론된다. 그중에서 연모戀慕라는 한자의 면면을 뜯어보면 가늘고 짧은 선의 이어짐이 가슴을 저미는 듯 곡진하고, 어루만져 주기를 애원하는 것처럼 감정의 연약한 떨림이 느껴진다. 휘어 엉킨 마른 가지 끝에 우윳빛 꽃등이 의젓하게 달리면 어린애 살갗처럼 부드러운 꽃잎을 아무도 모르게 하나 따서 뺨에 비벼보았다. 적절한 대상도 떠올리지 못하는 아득한 그리움. 거기에 젖어서 보는 가지 사이에 걸린 먼 하늘빛에 눈이 부셨다. '사랑을 담은 그리움'이 가장 적절한 꽃말이라 믿었다.

 먼 옛날 하늘나라에 백옥같이 희고 아름다운 공주가 살고 있었다. 그녀는 북쪽 바다를 지키는 해신의 늠름한 모습을 보며 그리움을 키웠다. 자신의 사랑을 전하기 위해 몰래 궁궐을 빠져나와 온갖 고생 끝에 북쪽 바다에 이른 공주는 슬프게도 해신이 결혼한 남자임을 알게 되었다. 상심한 공주는 바다에 몸을 던졌다. 해신은 공주를 고이 묻어주었다. 신들의 세상이라 그런 것일까. 해신은 자신의 아내도 약을 먹여 그 옆에 잠들게 하였다. 뒤늦게 이를 알게 된 하늘나라 임금님은 그들을 가엾게 여겨 공주는 백목련으로, 해신의 아내는 자목련으로 다시 태어나게 했다는 전설이 전해진다.

 아직도 그 사랑을 정리하지 못하였을까. 백목련의 꽃봉오리는 북쪽 하늘을 향해 고개를 돌린 채 소망을 날리고 있다. 순정을 접기가 그리 어려웠을까. 공주가 바다로 뛰어들지 않고 돌아섰더라면 비극이 더는 이어지지 않았으련만.

북향화北向花라는 슬픈 이름도 얻지 않았을 텐데. 하긴 쉽게 다가서고 쉽게 돌아서는 사랑의 형태가 젊은이들의 새로운 사랑 풍속도를 이루는 요즘에 그들이 그런 망부석이 된 여인의 마음을 헤아린다는 것은 바라지 못할 일인 것 같다.

 코끝을 감싸는 그윽한 향기는 겨우 눈을 틔울까 말까 하는 사철나무를 간질인다. 품 안에서 익고 익어 발효된 연정이 어쩔 수 없이 스며 나와 타인에게 보이고 마는 것일까. 꽃잎 한 조각 한 조각이 향의 덩어리라 향린香鱗이라 불리는 이유를 알겠다. 그것은 어쩌면 선한 생각의 향기인 것도 같고, 해신의 마음을 얻고자 쌓아둔 연정의 향수인 것도 같다. 자신의 짝사랑으로 인해 생길지도 모를 해신이나 그의 아내의 불행을 배려한 공주의 마음 씀이 비감하다. 비극이어서 전설 속의 공주는 더욱 아름답고 비극을 전설로 가진 꽃이라 더한층 향기로운 것일까. 연정을 품기 전에, 연인을 찾아 먼 길을 나서기 전에 좀 더 살폈더라면 얼마나 좋았을까. 그것조차 사랑의 감정 아래서는 부질없는 주문일까.

 우아하기 그지없던 꽃잎들은 머잖아 질 것이다. 윤택하고 탐스럽던 꽃등은 누렇게 지치고 말라 배배 틀린 채 찬 땅에 누우리라. 티 없이 가꾸었던 아름다움을 사랑하는 이에게 보이기도 전에 찬 바다에 내던져야 했다니. 결단의 순간 공주의 아름다움은 시들고 한은 하늘에 닿아 해신의 침소를 차게 휘감았을 것만 같다. 올해도 자태를 잃어버린 꽃등을 모아 나무의 발치에 묻어야겠다. 머지않아 분해되어 포실한 흙 속으로 스미고, 뿌리로 흡수되어 익숙하게 나무의 물관과 체관을 살찌우리라. 결실을 맺지 못한 사랑을 위하여 숨 가쁜 기원을 토해낼 내년을 기다릴 수 있게 하리라.

꽃이 지면 잎이 필 것이다. 꽃만큼이나 어엿하고 둥근 잎들이 나붓나붓 부채처럼 흔들리며 반짝이는 햇살과 숨바꼭질을 즐길 때 나는 공주가 내년이 오기 전에 벌써 운명과 화해하였음을 느끼게 되겠지.

　　목련꽃 그늘 아래서
　　베르테르의 편질 읽노라
　　구름꽃 피는 언덕에서
　　피리를 부노라

그때 내가 부르는 「사월의 노래」는 추모의 노래이자 소망의 노래가 될 것 같다. 추한 꽃잎의 말로를 극복하고 다시 없이 부드러운 연두와 초록의 옷을 입고 삶의 아름다움을 노래하고 있는 의젓한 나무 아래서 여름을 즐기고, 내년 봄

슬픈 공주의 현신인 북향화와의 해후를 꿈꾸고 싶다.

미혼의 젊은이들과 종종 만난다. 사랑이나 연애, 결혼에 대해 그들은 내게 정답을 듣고 싶어 한다. 내 대답은 정해져 있는데 '사랑은 서로 키워나가는 것, 상대방을 배려하는 것'이란 평범한 문장이다. 이런 내 말은 그저 모범답안으로서 그들에게 머리로만 이해되고 교과서 속에 있는 아포리즘 정도로만 받아들여지는 것 같다. 목련의 전설을 화제로 삼으면 그들은 어떤 반응을 보일까. 이 그늘에 나와 함께 서본다면 죽음으로 자신의 사랑을 지켜내는 슬픈 공주의 발자취가 한 걸음 더 가까이 그들의 가슴으로 다가설 수 있을까.

우연히 알게 된 전설로 인해 상념은 시간을 잊는다. 사랑은 쟁취하는 것이라며 나대는 씩씩한 사람들이 넘쳐나지만 갈수록 사회면은 어두운 사랑의 그림자로 가득하다. 사랑이라 부를 수 없는 값싼 연애가 사람들의 정서를 휘저어 대고 이혼법정은 성시를 이룬다. 공주처럼 품위 있는 아름다움과 은은한 향기를 지닌 사람이 그립다. 진실한 사랑이 무엇인지 아는 선량하고 속 깊은 사람이 그립다. 얼마 전, 속앓이를 평생 견뎌내며 멀리서 사랑하는 사람을 지켜보기만 하고 나타나지 않았다던 성숙한 사람 이야기를 전해 들었다. 그분을 만나 밤새 그의 사연을 듣고 싶다.

도종환의 시 「꽃 한 송이 사랑하려거든」이 입술에 머문다.

> 꽃 한 송이 사랑하려거든 그대여
> 생성과 소멸, 부재까지도 사랑해야 합니다
> 아름다움만 사랑하지 말고 아름다움이 지고 난 뒤의
> 정적까지 사랑해야 합니다

그는 개화의 시기가 한 생명의 절정을 노래하는 축제의 시간임을 알고 있다. 긴 준비기간이 있었고 또 피를 토하듯 지난한 곡절들이 있었으며 낙화 후의 가슴 아픈 다스림의 시간이 이어질 것임을 알고 있었기에 그의 노래는 내 가슴까지 와닿는다. 시인의 조언대로 소멸과 부재까지도 사랑하는 경지에 가닿는다면 그 사람은 진정 행복할 것 같다.

녹음 짙은 여름날 나무 그늘에 서보리라. 조락의 안타까움에 몸 비트는 단풍 든 낙엽을 주워 모으고, 맨몸으로 칼바람에 맞서는 한겨울 침묵의 현장도 지켜보리라. 계절 따라 변하는 것이 우주의 섭리이지만 순수한 사랑의 향기는 시간을 초월한다. 일 년 내내 화르르 피어날 백목련꽃 연등이 내 마음속에 터 잡았다.

본처기질 애첩기질

수국을 잘랐다. 관음죽, 녹보수, 파키라의 푸른 잎들이 지켜보고 있는 가운데 뿌리만 남긴 채 수국의 여윈 줄기 십여 개가 전정가위로 싹둑 잘려나갔다. 아귀 가득 까슬한 흙을 힘주어 부여잡고 있던 뿌리가 한 뭉텅이로 올라온다. 화단에 심을 요량을 해보지만 새잎을 기대하기는 어려울 것 같다. 잘린 줄기에서 끊어지지 않은 섬유질 오라기가 실바람에도 잘게 꼬리를 흔들어 댄다.

두어 달 전의 일이다. 석대 꽃 농원에 갔다가 이제 막 터져 오르는 탐스러운 꽃 숭어리를 보고 한눈에 반해 베란다로 들였다. 소파에서 바로 보이는 가장 좋은 자리를 내주고 신비한 남보랏빛 자잘한 꽃송이들이 보내는 애교스러운 몸짓에 취해 아침마다 물을 듬뿍 주는 노력이 조금도 귀찮지 않았다. 꽃이 새들거리다가 진 후 관상하기에는 적당하지 않은 두텁고 광택이 나는 깻잎 같은 잎만 수북이 남았다. 물주기를 조금이라도 게을리하면 팩 토라진 속 좁은 여인네처럼 시들어 누웠다가 물만 주면 언제 그랬냐는 듯 생생하게 검푸른 빛을 뿜는 모양이 못내 못마땅하였다. 수시로 관심을 요구하는 애첩기질이 나를 질리게 하였다. 역시 수국은 화분에 심는 게 아니었어.

 한때 모 여배우의 가정사가 일간지 연예란을 화려하게 도배하였다. 호화로운 결혼식장에서 서로에게 보내던 타오르던 사랑의 눈길은 사라졌고, 그들의 소모전은 극으로 치달았다. 두 사람이 엇갈린 주장을 계속하다 보니 그들의 이야기는 갈수록 관심도가 떨어져서 모두 제목이나 사진에 대충 눈길을 주며 스쳐 읽는 형편이었다. 끓어오르는 분노와 증오를 삭이지 못해 세상을 향하여 그들만의 숨은 다툼을 낱낱이 고할 때마다 그들의 자녀가 걱정되었다. 한 울타리에 묶인 사람들이 서로에게 내는 생채기는 자신과 아이들에게 칼을 들이대는 것이나 마찬가지임을 그들은 모르는 것 같았다.

그녀는 수국이었다. 예전에 "남자는 여자 하기 나름이에요."라고 말하며 눈웃음치던 그녀를 기억한다. 애첩기질이 철철 넘쳐서 그 광고를 성공으로 이끌지 않았던가. 조각난 믿음이 안타깝지만 서로가 상대방의 앞길을 막는 걸림돌이 되기보다는 적절한 선에서 삶의 방향을 트는 것이 현명할 것 같았다. 한때는 사랑했던 사람, 그리고 세상 누구보다 사랑하는 자신을 위해 틀어쥔 손을 놓는 것이 옳겠다 싶었다. 서로 자유롭게 새로운 삶을 구할 수 있는 지혜를 갖지 못할 이유가 없다. 사랑받기만을 원했고 즉각적이고 시각적인 사랑에 익숙해져서 고난에 제대로 대응하지 못하는 듯한 느낌은 나 혼자만 받는 것이었을까.

어느 날, 법적인 정리를 끝냈다고 연예기자가 목소리를 높였다. 큰일이나 난 것처럼 떠벌리는 냄비 기질 그들에게 수국처럼 시들어 누웠을 그녀의 슬픔은 안중에도 없었다. 그녀의 겨울은 길었고 다시 봄이 올까 의아하기도 했지만 자신의 애첩기질을 모두 다스리고 그녀는 맹순이로 다시 태어났다. 사람들의 박수 속에 의연하게 삶을 다스려가는 씩씩한 그의 모습에서 수국의 변덕은 느껴지지 않았다. 다행히 수국은 아니었어.

수국의 자리에 관음죽 화분을 옮겨놓았다. 떡잎 두 개 난 것을 얻어다 심은 것이 몇십 년이 지나는 동안 무성하게 자라 베란다에 터 잡고 집안 분위기를 차분하게 다스린다. 햇빛이 여리면 여린 대로, 열린 창으로 들이닥치는 바람이 강하면 강한 대로 의연하게 지켜온 자리, 가끔 주는 물도 반기는 듯 마는 듯 호들갑스럽지 않게 받아들이는 품성이 바람직하였다. 어쩌다 보얀 뜨물 한 바가지에 잘 빗은 안방마님의 머릿결처럼 윤기도 반들반들 흘렀다. 당당하고 곧은 자세로 뿌리에서 움터 나오는 새 잎줄기들을 키워가며 제법 탄탄한 가정을 이루었다.

 빌 클린턴 미국 대통령이 민주당의 유력 대선주자로서 승승장구할 때였다. 한 모델과 십 년이 넘게 불륜을 저질렀다는 대형 스캔들이 터졌다. 그가 정치를 접어야 할 정도로 심각한 상황에서 피해 당사자인 힐러리 여사는 대중 앞에서 남편을 적극 방어하고 포옹함으로써 그의 바람막이가 되어주었다. 혹자는 영민한 그녀가 퍼스트레이디라는 자리가 욕심나서 그랬다고도 하고, 혹자는 상처받은 자존심을 지키기 위해서라 말하기도 하였다. 뭔들 어떠랴. 어떤 결정을 내리건 여론은 그녀의 편을 들었을 텐데 자신의 감정을 누르는 대신 가정을 지키고 자신의 사랑도 지켰으니 얼마나 대단한가. 비바람 앞에서도 의연하게 모두를 지키려 한 그녀의 결단은 어엿한 본처기질이라 하겠다.

　잘린 수국의 줄기는 바닥에 얼굴을 붙이고 까라져 있다. 수국의 비위 맞추기란 내겐 난해한 공식같이 느껴진다. 조금만 인내심이 있었어도 저를 버리지는 않았으련만. 거름 성분만 바꾸어도 쉽게 꽃 색을 바꾸는 것은 사람으로 치자면 단점에 가깝지 않을까. 어쩌면 사소한 일에 일희일비하는 내 생활의 증거와도 닮았다. '신경성'이라는 낱말에 익숙한 내가 거기에 있다. 진맥을 하던 의사가 왜 그렇게 예민하냐고, 무엇이 걱정스러워 자신을 그렇게 못살게 구느냐고 퉁명스레 던지던 말이 아직도 명치에 걸려 있다. 그다지 크지 않은 그릇을 가지고 있으면서도 더 채우지 못해 늘 안달하는 내 모습을 그는 눈치챘던 것일까.

　줄기를 수습해 쓰레기봉투에 담는다. 행여 겉멋을 내거나 타인의 관심을 끌려고 나를 과대 포장한 적은 없을까. 그런 건 살아온 시간의 많고 적음보다는 타고난 품성의 문제라고 보는 게 옳을 것 같다. 합성향수에 아찔하게 녹은 심신은 그 향이 날아가면 그뿐 오래 그리워하지 못하는 법이다. 어찌 그윽한 솔향이나 난향에 비길 수 있으랴. 온갖 향기로운 말에도 불구하고 영민한 선덕여왕에게 선택된 것은 아름다운 장미가 아니라 외모는 볼품없되 살아온 길의

올곧음이 빛나는 백두옹이었다. 역시 수국은 아니었어. 봉지 안에 어쭙잖은 나의 애첩기질도 꼭꼭 묶어 넣었다.

CHAPTER 4

풀의 은유

낫을 휘두르는 솜씨가 너무 좋으면 이삭을 남길 리 없다. 그렇더라도 가난한 시골 아이들이 이삭을 주워 죽이라도 끓여 먹을 수 있도록 서툴게 낫질을 했더라면 얼마나 좋았으랴.

습수요 拾穗謠

몸이 기억하고 있었는가. 보리 수확기가 되었지 싶어 오랜만에 시골집에 가니 근처 천변에 있는 밭이 다 비었다. 일렁이는 푸른 보리밭을 고대했는데 휑하니 섭섭하였다. 이제 땅을 갈고 물을 대서 모내기를 하고 나면 개구리 울음소리에 행복해하다가 벼 이삭의 금빛 일렁임을 기대해야 할 것이다. 다들 알차게 수확을 했을까. 이삭을 한 오라기씩 줍던 시절이 있었다. 곡식 한 톨이라도 흘리지 않으려는 정성을 빈 밭에서 되새김질해 본다.

조선 중기 한시가 눈길을 끈다. 『손곡시집 蓀谷詩集』에 실린

7언절구 「습수요拾穗謠」, 이삭 줍는 아이들이다.

田間拾穗村童語 / 盡日東西不滿筐
今歲刈禾人亦巧 / 盡收遺穗上官倉

밭고랑에서 이삭 줍는 시골 아이들이 말하기를
종일토록 동서로 다녀도 광주리가 안 찬다네
금년에는 벼 베는 사람들의 솜씨도 교묘해져
남은 이삭까지 모두 거두어 관가 창고에 바쳤다네

낫을 휘두르는 솜씨가 너무 좋으면 이삭을 남길 리 없다. 그렇더라도 가난한 시골 아이들이 이삭을 주워 죽이라도 끓여 먹을 수 있도록 서툴게 낫질을 했더라면 얼마나 좋았으랴. 전문 농투성이니 조절 못 할 바도 아니건만 올해는 이삭이 너무 없다. 관가에 바쳐야 할 세곡이 많아져서 이삭이 안 남도록 포기를 신경 써서 베었을까. 아니면 베고 나서 이삭까지 주워 세공을 채워야 했을까. 궁핍한 백성의 사정이야 아랑곳없는 재관의 가렴주구가 가차 없다. 관리들의 수탈에 인심이 사나워지는 농촌의 수확기란 풍요와 만족이기보다는 오히려 슬픔이다.

나에게도 추수가 끝난 들판에서 이삭을 줍던 시절이 있었다. 소쿠리를 채우기가 얼마나 힘들었는지 자꾸 배가 고팠다. 주워 온 보리 이삭을 방망이로 두드려서 말렸고, 절구에 비볐다. 키로 까불어서 껍질과 지푸라기를 날리면 한 줌의 곡식이 손에 쥐어졌다. 일손이 부족해지는 수확기가 되면 학교에서는 며칠 동안 '가정학습'이라는 것을 했다. 이삭을 주워 오라는 숙제를 받아서 동네 아이들과 함께 들판으로 나가면 일을 삼고 주워도 손에 쥔 것은 얼마 되지 않았다. 놉을 구하러 다니는 동네 반장을 따라 엄마가 일하러 가시면 나도 남의 논에 가서 이삭을 주우며 「습수요」의 주인공이 되기도 하였다.

타작은 농가의 큰 행사였다. 들로 나가면 어른들은 아이들에게 묶어놓은 볏단을 들어 옮기게 하거나 타작이 끝난 논에서 이삭을 주우라고 애들을 쫓았다. 지금 아이들이 학원으로 방과 후 강습으로 내몰리는 것처럼 어려운 그 시절에 아이들은 이삭을 줍고, 땔감용 나무삭정이나 갈비를 모으고, 다슬기를 잡거나 빨래를 하는 등 노동이 배움이라 여겼다. 농사를 제법 짓는 집에서는 별도로 이삭을 챙기지 않았다. 빈궁한 사람들 몫으로 남겼던 것이다. 이모를 따라 이삭을 주우러 다니던 기억을 떠올리며 격세지감을 느낀다. 지금은 콤바인이 수확을 책임지지만 요즘 아이들에게 시골에 타작하는 것 보러 가자고 하면 공부해야 한다는 답이 돌아오지나 않을까 싶다. 그것도 이삭을 주우러 간다면 부끄러워하는 게 먼저일 수도 있겠다.

손곡 이달이 누구인가. 뛰어난 문장으로 허균과 허난설헌의 스승을 지내기도 하였지만, 서얼이라 벼슬을 하지 못하고 평생을 떠돌며 가난을 지고 살았다. 하여 그는 아이들의 빈 광주리에서 알곡 달린 이삭이 아닌 결핍과 원망을 보아내었다. 누구보다 높은 지성으로 사회를 보았으되 쓰임 받을 일 없어 목민관의 포부를 펴지 못하니 피폐한 삶을 사는 백성들의 아픔이 얼마나 잘 보였을까. 손곡이 거둔 알곡이 허균과 난설헌이 보여준 세상 보기의 남다름이라 해도 무리가 없지 않을까. 당대 상류층이나 부유층 사람들이 이 시를 읽고 깨우쳤을 리 없다고 하더라도 어두운 곳을 조명하는 시인의 정신은 지금까지 세상을 비춘다.

서양의 이삭줍기도 다르지 않은 모습이다. 오래전에 아들과 오르세미술관에 들렀을 때, 삶을 거스르지 못하는 가난한 농부들을 묘사한 밀레의 작품「이삭줍기」앞에서 한참을 슬픔의 정조에 잠긴 적이 있다. 19세기 프랑스에서 이삭줍기란 극빈층에게 베푸는 농장주의 선심이었다. 굶주린 사람이 많다 보니 이삭을 줍는 것까지도 관리하는 사람이 있었단다. 동산 같은 노적가리들이 자리한 원경의 풍요는 이삭 줍는 주인공들에게는 먼 신기루가 아닌가. "이삭줍기 끝!"이라는 관리인의 외침이 있기까지는 한 오라기라도 이삭을 더 주워야만 한다. 한 자루의 이삭을 이용해 지주는 가난한 이들의 인정과 복종을 훑어간다. 당대의 가진 사람들에게는 드러내기 싫은 불편한 진실이기도 했겠지만, 봐야 할 것을 보는 화가의 눈은 날카로웠다.

  손곡 선생도 밀레도 이삭을 줍는 사람들의 편에 서 있다. 그들은 쉼 없이 일해도 먹고 살기 힘들다. 많이 가진 이들의 목소리에 묻혀 배고픈 이들의 위태로우나 작은 목소리는 파편화되고, 들리지도 않는다. 대단지이자 고층인 우리 아파트는 원래 한 동에 세 개씩 있는 입구 경비실마다 경비를 두 사람씩 고용하였다. 연세 많은 분들이 주차관리, 화분관리, 재활용품관리와 아이들 안전 돌보기 등 전천후로 역할을 맡았는데 이제는 한 동에 한 군데 두 분씩만 근무한다. 올해 들어 또 라인 입구마다 전자문을 설치하고 경비원을 줄이자는 협의가 진행 중인데 나는 부담이 되더라도 동의하고 싶지 않다. 관리비를 더 내겠다고, 경비를 더 고용해서 같이 살아가자고 주장한다면 시대에 뒤떨어졌다는 말을 들을까. 기계가 사람의 직업을 빼앗아 버리는 경우를 많이 본다. AI에 종속된 세상을 상상해 보면 어쩐지 긴장이 된다. 함께 사는 사회라면 나도 행복하고 안전할 것 같은데 사람들은 이삭을 남기지 않으려 한다.

　오늘 밤 꿈에 세상 모든 낟가리에서 이삭을 듬뿍 덜어내어 들판에 뿌려놓기라도 해볼까. 사람들이 희망도 줍고, 일자리도 주워서 함께 수확기의 풍요를 누린다면 얼마나 기꺼울까. 손곡 선생의 칠언절구 말고, 기쁨을 노래하는 「습수요」를 듣고 싶다. 아이들의 광주리에 이삭이 금방 가득 찼으면 좋겠다.

가시

　　　　　　　　기둥선인장이니 곧게 자라는 것이 정석이렷다. 하지만 내가 키우는 선인장은 척추측만이 되다 못해 척추곡만이 되고 말았으니. 받침대를 두 개나 받치고 나서야 어미는 제대로 섰다. 굽은 허리를 펼 수는 없었으나 땅을 기는 모양은 면하게 되었다. 두 손으로 허리를 받치고 나도 의젓하게 서본다.

　오랜만에 살핀 선인장의 모습은 참혹했다. 토실한 새끼 선인장들이 어미의 몸체에 빈틈없이 붙어서 어미를 제대로 서지도 못하게 누르거나 끌어당기고 있었다. 흥부의 자식들이 밥 달라 돈 달라 아우성치는 장면이 이럴까. 어찌 살

릴까 요량을 굴려본다. 어미가 땅을 향해 긴 목을 늘이고 있다. 매품을 판 흥부가 집에 와서 저리 뻗었었지. 어미의 목숨이 위태로운 징조가 여기저기 보인다. 몸통 아랫부분이 허옇게 마르면서 가늘어지고 몸체 구석구석에 굳은살이 박였다. 뿌리와 접한 부분은 흙과 분리된 채 뒤틀어질 정도였다. 몽땅 떼어내야 하리라. 떠나기 싫다고 장갑 낀 내 손을 찔러대는 새끼선인장들의 아우성과 떠나보내야만 하는 어미의 한숨이 안타깝다.

말라서 비틀어지고 침조차 뭉뚝하니 생기를 잃은 선인장이 내 어머니 모습이다. 멋지던 젊은 날의 생기는 사라지고, 야위고 허리 굽은 어머니의 서러운 등줄기는 늘 내 뇌리를 맴돈다. "어머니."라고 가만히 소리 내본다. 듣는 이 없는데 조심스럽다. 마지막 모음이 혀가 내려앉은 입안과 목구멍을 돌아 가슴을 무겁게 누르며 내 몸속 비어 있는 공간을 휘돌아 나온다. 같이 있지 않아도 나보다 내 마음을 더 잘 아는 듯하여 놀랍기만 하던 어머니는 아직도 내 몸과 마음 어디에나 계시는 게 아닐까.

어머니는 나를 기다리셨다. 학교가 파하고 집으로 가면, 대문이 보이는 골목 모서리부터 발걸음이 빨라졌다. 소심한 내가 대문을 밀치며 "엄마!"라고 자신 있게 외치면 재봉틀 소리가 뚝 그치고, 곧바로 방문이 열리고 반가운 목소리가 나를 반겼다. 그분은 어린 나의 동그란 우주 전체였다. 어머니가 일주일 내내 기운 우비를 머리에 이고 삯을 받으러 가신 날은 혼자서 누워도 보고 실패도 만져 보았지만 오후 내내 신이 나지 않았다. 장롱과 앉은뱅이 재봉틀이 가재도구의 전부였던 안방이 운동장만 하였다.

어머니는 지금도 나를 기다리신다. 같이 살자는 권유를 마다하고 허름한 시골집 낡은 역사를 지키고 계신다. 올 거친 삶의 지주가 되던 남편이 투병 빚만 남긴 채 다시 못 올 길로 떠났다. 힘이 되어주시던 할머니도 가셨다. 소맷부리에 매달리던 어린것들도 제 삶을 찾아 뿔뿔이 흩어졌다. 어미 된 마음은 미물이나 사람이나 매한가지인가 보다. 매정한 내 손길을 거부하려는 듯 가시들이 거칠게 일어선다. 덜 굳은 가시로 애들이 어찌 혼자 살아갈까. 근심에 싸인 어미 선인장은 몸을 활처럼 구부려 한을 둥개고 있다. 누구나 한 번은 떠나는 것, 깊은 밤 불 밝히고 낡은 사진첩 어루만지며 홀로 가슴 싸안던 어머니도 때가 되면…. 손때 절고 금 간 토분 같은 집만 남겨지리라.

어머니께서 문을 밀며 부르고 싶은 이름은 무엇일까. 곁에 남은 이 없음을 알면서도 늘 부르시는 이름은 무엇일까.

같이 살면서 어머니께서 내 이름을 부르실 때 반가이 대답하는 일은 이제 어른이 된 내가 해야 할 의무일 것이련만. 그분의 치맛자락에 싸여 네 남매가 자랐다. 하지만 무려 여덟 개나 되는 자식들의 큰 손은 제 자식 쪽으로만 향해 있으니…. 어머니는 지금도 혼자이시다. 부르고 싶은 이름을 속으로 삭이며 그렇게 혼자 계신다.

　오랜만에 만난 친구의 이야기는 묘한 여운을 남겼다. 팔순을 넘긴 아버지가 돌아가시기 전에 중환으로 고생을 많이 하셨다고 한다. 임종 전에 혼미한 정신을 잡아보려고 신음하면서 "엄마! 엄마!" 하고 애처롭게 부르시더란다. 가파른 벼랑에 매달려 땅 위에 드러난 나무뿌리를 잡고 버티는 지경이 아닌가. 생명줄이 끊어지려는 절체절명의 위기 상황에서 그분이 찾은 본능적인 모음은 '엄마'였다. 아내나 자식의 이름이 아닌 영혼의 고향, 어머니였던 것이다. 결국 돌아가셨다는데 어쩌면 먼저 가신 어머니의 대답을 들으셨는지도 모를 일이다.

　굽은 허리를 펴는 신통한 대장장이는 없는 것 같다. 세월의 무게가 고스란히 얹혀 화석이 되려는 것인가. 지난번 제사를 지내고 한밤중에 떠나올 때 어머니를 꼭 껴안아 보았다. 내 몸무게를 온통 실어 매달려도 끄떡없던 엄마를 힘을 주면 사그라질까 봐 살며시 껴안아야 했다. 어머니께 종아리를 맞으면서 예전처럼 아프지 않아 울었다는 옛사람의 고사가 내 일인 양 서럽다. 세 시간을 달려와 무사히 도착하였다는 전화를 드렸다. 주무시지 않고 계시다가 내 전화에 답하는 어머니 목소리를 들으니 마음이 제 자리를 찾는다. '어머니는 내게 대답해 주시려고 옛집에 계시는 거야.' 나는 또다시 엄마 등에 매달리는 철없는 새끼선인장이 되고 만다.

따끔하다. 장갑을 끼고 신문지로 말아 쥐었는데도 서너 개의 침이 손가락에 박혔다. 가시 하나 뽑을 때마다 어머니 계신 서쪽 하늘을 바라본다. 몇 년 전 해외여행을 권하는 내게 어머니는 손자 녀석 용돈이라도 벌어야 한다면서 단호히 거절하셨다. 아들만 자식이냐고, 직업 있고, 자식까지 있는 아들에게 무슨 걱정거리가 남았냐고, 제발 당신 걱정이나 하시라고 퉁명스럽게 응대한 내 목소리가 두고두고 나를 찔러대는 가시가 될 줄 어찌 알았을까. 새끼를 떼어내는 나를 견제하는 어미선인장의 가시는 날을 곧추세워 햇살 속에 은빛으로 빛난다. 칼날처럼 뻗치는 기상, 나는 잠시 머뭇거린다. 아직도 새끼에게 빨릴 수액이 남았을까. 군데군데 굳어가는 몸을 지탱하기조차 힘든데 어미는 새끼를 안고 가려 하는 것인가.

　내 이름을 부르는 어머니의 목소리를 듣는다. 첩첩한 건물 너머 아득한 구름 사이로 괜찮다고 하시는 어머니의 목소리, 굽은 허리를 세울 튼튼한 받침목이 되지 못하는 큰딸을 어머니가 토닥이신다. 그 목소리가 더 아파 가시가 잘 보이지 않는다. 내 가슴속에서, 내 손가락에서 가시들이 서릿발처럼 일어선다.

싱아를 찾아서

『그 많던 싱아는 누가 다 먹었을까』라는 박완서의 소설집 뒤표지에는 마디풀과의 키 큰 식물이라는 싱아 사진이 실려 있다. 엉뚱하게도 그녀의 싱아가 그 식물이 아닐 것이라는 생각을 한다. 화단 모서리 부분이나 담 아래의 부드러운 흙 틈새에서 언제인지 모르게 고개 내밀던 괭이밥의 한 종류인 나의 싱아가 새초롬한 느낌의 그 이름에 더 잘 어울린다는 생각 때문이다.

나비사랑초란다. 화분을 사러 온 줄 알고 반색을 하며 나왔던 꽃집 아줌마는 김이 샌 듯 그 이름만 알려주고 들어가 버렸다. 그토록 설레는 이름을 어쩌면 그리 대수롭지 않게 말할 수가 있을까. 아침이면 애처롭도록 가늘고 긴 줄기 끝에 밤새 오므리고 있던 잎을 양산같이 펼친다. 온몸을 다 바쳐 기도하는 여인의 모습이다. 태양을 향한 뒷모습이 경건하기까지 하다. 작은 진동에도 몸을 맡겨 하늘거리는 애교스런 몸짓 때문에 연인의 미소처럼 시선을 끌어당기는 갸륵한 풀꽃. 세찬 빗줄기가 햇빛을 가릴 때면 시무룩한 모습으로 생각에 잠겨 성숙한 그리움을 내비치기도 한다. 씨 뿌린 적도, 포기를 나눈 적도, 영양제를 준 일도 없지 않은가. 씩씩하게 번성하는 생명력이 예뻐서 이름값을 한다고 여겼다. 큐피드의 화살을 갈망하는 에로스적 사랑에 의미를 두었다.

  빗줄기 속에 아우성치는 이웃들이 안겨 온다. 빗물보다는 평창에 사는 한 칠순 노파의 소식에 가슴이 젖는다. 산에서 흘러내리는 나무와 돌들, 누런 물살이 당신의 집을 덮쳤다. 노파는 전신이 마비된 거구의 아들을 사력을 다해 안전한 인근 주택으로 대피시켰다. 하지만 빗물을 끓여 먹는 상황에서 환자인 아들에게 먹일 음식이 어디 있겠는가. 발을 구르던 노파는 몰래 급류를 또다시 뚫고 자신의 집으로 갔다. 뒤늦게 마을 사람들은 소용돌이치는 급류 가운데에서 그분을 발견하였다. 죽음의 문턱에서 간신히 구조된 노파의 손에는 아들에게 먹일 음식이 쥐어져 있었다고 한다.

 밤에 보는 사랑초는 노파의 손이 된다. 넓은 잎들이 잎자루를 한데 모은 채 반쯤 접혀 아래로 처진다. 물에 빠뜨리지 않으려고 위로 치켜든 여윈 손에 자식의 명을 이어줄 먹을거리가 쥐어져 있다. 어미 펠리컨은 굶는 새끼들을 위해 자신의 심장을 먹인다고 하고, 원숭이는 죽은 자식을 차마 버리지 못해 한동안 업고 다닌다고 들었다. 미물이건 사람이건 모성애를 지키는 모습보다 더 눈물겨운 것이 있을까. 내 위험이 대수랴. "엄마는 먹었다.", "배부르다.", "엄마는 사과 속이 더 맛있단다.", "속이 안 좋아서 안 먹으련다." 내 입에 든 것이라도 빼서 자식에게 더 먹이고 싶어 하던 어머니들, 자식을 생각하면 초인이 되고 마는 세상 어머니들의 손이 사랑초 줄기마다 하늘거린다.

 마크 퀸의 조각품 「임신 9개월의 앨리슨 래퍼」가 런던 트래펄가 광장에 전시되었다. 여성의 몸에 대한 보편적인 미의 기준을 부수는 이 작품의 주인공은 해표지증으로 불리는 선천성 장애를 갖고 태어났다. 바다표범같이 양팔이 없고 짧은 다리를 가진 그녀가 출산에 즈음하여 가진 불안감은 어느 정도였을까. 또 주위의 시선은 어떠하였을까. 아이를 보육원에 보내지 않기 위해 그녀가 사회복지부와 벌인

투쟁은 너무나도 처절하였다. 보모가 말없이 그만두어버릴 때마다 불편한 몸을 던져가며 혼자 아이를 돌보는 일이 가능하기나 한 일이었을까. 그녀가 아들과 함께 우리나라를 방문하였다.

"아이에게 장애가 있을까 봐 걱정이 되었지요. 그렇더라도 잘 돌볼 자신이 있었어요. 내가 겪어봤으니까요."

  신성한 모성을 지켜낸 그녀의 결단은 아가페의 모습이다. 그녀는 사랑초다.
  언제부턴가 사랑이란 낱말은 원하지 않는 옷을 입게 되었다. 신성한 날개옷은 과도한 보석과 레이스로 장식되어 무거워져 버렸다. 그 옷을 입고는 비용과 구속에 묶여 움직이기 힘들 정도의 짐을 질 수밖에 없는 젊은이도 생겼다. 사랑이라 부를 수 없는 순간적인 끌림이나 감정의 유희조차도 날개옷에 매달려 그녀를 뛰어대니 사랑은 넝마가 되기도 하였다. 연속극 속 값싼 연애나, 어리석은 과잉 정성으로 인해 사랑은 색깔이 바랜 낡은 옷을 걸치고 말았다. 자식을 제 꿈을 이루어줄 대리자로 보기에 맹목적인 보호와 닦달로 일관하는 일부 어머니들은 또 어떤가. 그들은 사랑의 날개옷을 무거운 페인트로 덧칠하여 이해할 수 없는 전위예술로 만들어 버렸다. 사랑을 고백할 때에도 "사랑한다."고 말하는 것은 진실의 순도를 보증하지 못하게 되었으니. 가히 사랑의 수난시대라고 해야 할까.

자줏빛 나비들의 비상을 본다. 세 개의 하트가 꼭짓점을 맞댄 채 햇빛을 향해 날아오른다. 어릴 적 어머니가 손 이끌어 가르쳐 주던 키 작은 예쁜 풀잎, 바로 그 싱아다. 나의 싱아다. 혹시나 하여 한 잎을 가만히 맛보았다. 혀를 자극하는 시큼함이 그리움을 부른다. 사랑초는 꽃말조차 사랑스럽다. "당신을 버리지 않을게요, 당신과 함께할게요."라는 가약이다. 운명을 받아들이되 주체적으로 결정하는 적극적인 사랑의 결의라 해도 좋지 않을까. 고난도 행복도 더불어 하겠다는 약속은 얼마나 귀한가.

나의 싱아 속에 어머니와의 추억이 들어 있다. 지금은 그 노파처럼 안타깝게 나이 들어버린 젊은 시절 어머니의 기품 있던 모습이 그 속에 숨어 있고, 나직나직하던 다정한 음성이 그 속에 살아 있다. 자라서 어머니처럼 되고 싶다는 소망을 품고 어루만지던 나의 싱아는 사실은 어머니와 어린 딸 사이에 자리한 안온한 사랑의 다른 이름이었다. 기억의 보자기 속에 들어 있던 추억들이 모여 내가 되었다. 어머니와 나의 추억을 보랏빛 날개에 싣는다. 이젠 나비사랑초도 나의 싱아가 되었다.

  사랑은 때 묻은 옷자락을 세탁하고 다림질하여 기품을 되찾는다. "얘야, 이젠 괜찮을 거야." 노파가 아들에게 속삭였다. 십 년째 의식이 없는 아들의 손을 주무르는 노파의 주름진 눈시울이 붉었다. "이 아이가 자랑스러워요." 팔 없는 어머니의 어깨에 기댄 패리스의 웃음이 해맑았다. 하트 모양 잎들은 등을 맞대고 삼각 고깔처럼 고개 숙여 합장하고 있다. 제 이름의 지고지순한 의미를 알고 있을까. 베란다에서 사랑초가 기원의 몸짓으로 밤을 지새운다.

도꼬마리

아이 엄마가 눈물을 훔쳤다. "이러지 않으려고 했어요." 슬픈 여운이 안개처럼 번지고 위로할 말을 찾지 못해 어린 선생은 말을 더듬거렸다. 살다 보면 어쩌고 하는 말을 했던 것 같은데…. 상담을 하다 보면 지워지지 않는 기억들이 있다. 도꼬마리처럼 갈고리를 걸고 평생을 따라다니는 그런 기억들은 불현듯 나타났다가 다시 무의식으로 몸을 숨긴다. 오래전 일이다.

이혼하고 아이를 키우는데 직장생활을 해야 하니 아이를 잘 돌볼 수가 없더란다. 유치원 과정은 종일반에 맡겼으나 초등학교에 입학할 나이가 되니 그럴 수도 없게 되었다. 하는 수 없이 시부모님께 아이를 보냈다. 아이 아빠는 따로 살지만 할머니가 그런대로 형편이 되어서 아이를 맡아주셨다. 하지만 아이와 만나지 않겠다는 다짐을 해야만 하였다. 울먹이는 거친 그녀의 손이 가늘게 흔들린다. 그녀에겐 시간이 필요한 것 같다. 눈물이라도 시원하게 쏟으면 응어리가 좀 풀리겠지.

 어린 선생은 짐짓 딴전을 핀다. 책상 위에 놓인 작은 상자에 담긴 도꼬마리 몇 개가 눈길을 끈다. 아이 적에 동네 뒷산에는 소나무가 많아서 가끔 동네 아이들과 솔방울을 주우러 갔었지. 그것은 화력이 좋아서 연탄용 불쏘시개로 그저 그만이었다. 솔방울도 줍고 잡기 놀이도 하면서 온 산을 헤매다 보면 갈고리 모양의 작은 가시를 가진 도깨비바늘이나 도꼬마리 같은 열매들이 함께 놀자며 옷자락에 잔뜩 붙었다. '도둑놈', '찍찍이'가 녀석들의 별명이었다. 가시가 잔뜩 난 둥근 도꼬마리를 친구 몰래 옷에 붙이다 보면 어느새 모두의 옷에도 적군이 붙인 거친 장식품이 걸리곤 하였지. 저물녘, 아이들이 의기양양하게 불룩한 자루를 자랑하는 동안 엄마들은 자식의 옷에 붙은 도둑놈을 말끔히 떼어내 주셨다. 친구들도 기억할까. 일을 놀이로 만들던 눈부신 그날들을.

아이 엄마가 손수건으로 눈자위를 훔친다. 그녀가 닦는 것은 눈물방울이 아니라 도꼬마리인 것 같다. 가시 돋친 눈물이 눈가와 얼굴에 붉은 생채기를 남긴다. 마음에 박힌 도꼬마리들이 줄지어 나와 손수건에 싸인다. 푸른 점이 찍힌 그 손수건을 보며 선생은 가슴이 멍든 아이를 떠올린다. 그 아이에게는 소리를 지르는 버릇이 있었다. 필요 이상으로 큰 목소리를 내서 시선을 집중시키거나 다른 사람의 짜증을 유발한다. 그 큰 목소리가 자신의 빈속을 울려내는 종소리임을 안다. 자신의 불만을 모조리 모아 토해내는 기합 소리로 느껴지기도 한다. 그러다가 자신을 좀 도와달라고, 좀 봐달라고 선생을 부르는 긴박한 신호로 느껴질 때는 꼬옥 안아주기도 하였다. 요즘 들어 소리 지르는 횟수가 줄어들고 있다. 할머니의 자상한 보살핌이나 교사의 타이름이 효과를 나타낸 것이기도 할 것이다. 하지만 무엇보다도 아이 스스로 자신의 스트레스를 다스려 나가고 있기 때문이 아닐는지.

'도꼬마리, 너희들은 내 책상 위에서 또다시 한 덩어리로 뭉쳐 단단한 결속력을 자랑하고 있구나.'

어린 선생은 슬그머니 그것을 집었다. 아이 엄마는 이렇게 아이랑 한 몸처럼 꽉 껴안고 함께 숨 쉬고 함께 느끼길 바라고 있다. 하지만 이 갸륵한 열매의 고향은 산속 어딘가에서 자식을 그리고 있을 나무줄기가 아니던가. 그녀가 아이를 위해서는 참고 살아야 했다고 몇 번이나 중얼거린다. 그랬다면 정말 더 좋아질 수 있었을까. 냉정하게 생각해 볼 때 그건 아니라고 말해주고 싶었다. 심사숙고한 후에 내린 결단이었다면 지금까지의 결정을 잘 받아들이는 것이 필요하지 않을까. 그녀가 이 작은 열매에 관심을 기울여 보면 어떨까. 새로운 땅을 찾아 더 큰 세계로 나온 이것들 뒤에는 이들이 개척해 낼 새로운 삶을 내다본 그 어미의 격려와 인고가 버티고 있지 않겠는가.

결코 떠나 보낼 수 없는 것도 있을 것이다. 하지만 자신의 삶을 밝게 일구어 나가고 아이의 삶 또한 배려해 나갈 수 있다면 자신을 누를 수도 있지 않을까. 서울서 부산까지 오가며 갈등과 회한에 싸여 시간을 낭비할 필요는 없을 것 같다. 남편과 재결합할 생각은 아예 없는데 아이 생각에 눈물로 세월을 보내거나 몰래 아이와 만나 모두를 혼란스럽게 하는 일이 무슨 이득이 있을 것인가. 더욱 야무지게 준비해야 하지 싶다. 아이가 어른이 되었을 때 당당한 어머니로 느낄 수 있도록 지금은 강해질 필요가 있다.

도꼬마리를 조심스레 칼로 잘랐을 때 아이는 두 개의 속씨를 보았다. 생존환경이 급격히 나빠지더라도 살아남기 위한 고도의 전략이 거기에도 있었다. 두 씨앗의 휴면기가 달라 하나는 내년에, 다른 하나는 그 이후에 싹을 틔울 것이라는 이야기를 해주었을 때 아이는 도꼬마리의 미래를 점쳤다. 아이 처지에서 보면 얼마나 섭섭하고 안타까울 것이겠는가. 할머니 품속에서 어머니를 그리며 가끔은 울다 잠들지도 모른다. 하지만 어쩔 수 없는 노릇이 아닌가. 조금씩 자기의 처지를 알게 되고 면역을 길러나가는 것, 그래서 다른 아이들보다 더 꿋꿋하게 준비된 어른으로 자라는 것. 도꼬마리처럼 다른 열매보다 두 배는 더 정성껏 자신의 삶을 준비해 나가야 함을 아이는 배워야 하리라.

걱정을 누르고 아이에게 격려의 미소를 보내보라며 어깨를 두드려 주었다. 자신의 인생에 도움이 되는 결정이었다면 아이의 인생에서도 오히려 잘한 결정일 수도 있다고 생각을 정리해 보라는 어린 선생의 말에 서투른 아이 엄마의 눈에 눈물이 어렸다. 버린 삶에 대한 미련, 아이에 대한 끊을 수 없는 애정, 아이 아버지에 대한 원망, 혼자 엮어가는 생활이라는 짐과 외로움 등을 주렁주렁 매단 그녀는 순간

잎이 무성한 도꼬마리 포기처럼 보였다.

 아이 걱정은 말라며 그녀를 보냈다. 일이 손에 잡히지 않았다. 올 때보다 더 움츠러든 아이 엄마의 뒷모습이 내내 눈에 밟혔다. 어린 선생의 마음에도 어느새 도꼬마리가 숨어들었다. 그 엄마의 아픈 영상이 진동하는 선생의 여린 마음에 굽은 갈고리를 선명하게 박았다.

경계를 넘어

　　　　　　들종다리 한 마리가 누워 있었다. 미동도 하지 않았다. 강력한 빛과 물체가 힘을 합해 만들어 낸 짙고 커다란 그림자를 깔고 누운 채 들종다리는 설사 사진 속이 아니더라도 움직일 수 없게 되어버렸다. 죽은 것이었다.
　따사로운 빛 아래서도 그것은 추워 보인다. 온몸이 검갈색 깃털로 온전히 덮였지만 공중으로 치켜든 나뭇가지처럼 앙상한 두 개의 다리는 빛과 그림자가 공간을 나누어 갖기도 애처로울 지경으로 가늘다. 그것은 죽기 전에 얼마나 세차게 경련했을까. 새대가리라는 비하의 말도 떠돌지만 탁구공만 한 저 머릿속은 죽음에 대한 의혹과 두려움으로 또 얼마나 혼란스러웠을까.

한 생명의 떠나감을 애도하는 살아 있는 자의 배려일까. 들종다리의 아래쪽에 국화 네 송이가 각각 떨어진 공간 속에 세로로 놓여 있다. 잎을 모두 따버린 빈 줄기 위에 화려한 얼굴만 치켜들고 꽃들은 그 새를 우러르고 있다. 시든 잎 하나 없는, 꼬부라진 꽃잎 하나 없는 건강한 국화의 생명력 때문에 작은 꽃송이가 차지하는 그림자의 공간은 주인공인 들종다리의 그림자가 차지하는 공간에 비해 생기가 돈다. 꽃들은 그 꽃을 거기에 놓은 사람의 생각을 이해하고 있을까. 꺾인 줄기로는 얼마 지나지 않아 그들도 그것처럼 정지된 삶을 나타내는 윗자리에 놓일 운명이라는 것을 짐작이라도 한다면….

사람들은 장례식을 꽃으로 밝히려 한다. 아름다움의 상징인 꽃으로 가는 이의 앞길을 수놓으려는 마음은 기특하고 숭고하기까지 하다. 하지만 죽음에 이르러 무슨 의미가 있을 것인가. 영정 앞에 한 송이, 한 송이 쌓이는 꽃들은 망자를 위해서라기보다는 차라리 산 자를 위한 것이라는 편이 더 옳을 듯하다. 한 송이의 꽃을 가는 이에게 보내며 남은 이들은 조금이나마 마음의 짐을 덜고 스스로 위안을 받는다. 그러므로 빈소에 수북이 쌓인 국화꽃 무더기와 늘어선 조화들은 슬픔이라는 멍에를 인간 대신 지고 힘겨워할 수밖에 없다. 조상弔喪의 의미로 쓰인 국화꽃이 영롱한 생기를 품고 있는 것을 본 적이 없지 않은가.

  베로니카는 주변에서 발생한 작은 죽음들을 수집하고 있다. 우리가 일상에서 소홀하게 지나치기 일쑤인 하찮은 생물들의 죽음을 사진으로 기록한다. 하긴 하찮다고 말함은 옳지 않다. 들종다리의 입장에서 보면 그 자신이 우주의 중심일 테니까. 그녀는 수집한 죽음들을 가져다가 주변의 친숙한 꽃들과 결혼시킨 뒤 영상으로 기록하고 다음에는 꽃과 함께 영원한 안식처인 흙으로 인도한다. 기록을 넘어 새로운 의미 찾기가 그녀의 경이로운 사진 작업의 목표다.

> 죽음은 대단한 미스터리다. 그것은 정말 삶의 전멸, 우리가 아는 모든 것의 종말일까. 아니면 단지 새로운 시작을 향해 경계를 넘어가는 것인가. 우리의 몸이 죽고 나면 살아남는 것이 있는가. 죽음과 화해함으로써 우리는 우리가 여기 존재하는 이유를 이해하게 되지 않을까.

  그녀의 말로 인해 나는 다시 경계에 집중해 본다.

  초겨울이었다. 벌 한 마리가 내 책상 위에서 하룻밤을 지낸 적이 있었다. 기운이 다했는지 날개만 바르르 떨 뿐 침을 사용할 생각조차 하지 못하고 내 손바닥에 누워 있던 그 벌은 이튿날 아침 더는 움직이지 않았다. 작은 꽃병에 꽂혀 마지막 남은 힘을 다해 향기로 존재를 알리던 노란 국화 꽃잎들이 그 벌의 주위에 축복처럼 흩어져 있었다. 그 죽음의 현장을 나는 오래오래 지켜보았다. 그들의 죽음은 빛이 부서지는 르누아르의 그림처럼 찬란하였다. '지는 것은 아름답다.'는 명제가 하나의 새로운 화두가 되었다.

순도 높은 바탕색을 쓴 베로니카의 작품들은 죽음을 그린다기보다 오히려 불타는 생명력을 표현하고 있는 듯하다. 죽음이라는 낱말로만 생각을 가두면 작은 새는 안쓰럽기 이를 데 없다. 하지만 주위 색채와의 어울림을 따져보면 피어오르는 듯한 주홍색 바탕 위에 자리한 새는 죽음과는 무관하게 다가온다. 살아서 움직일 것 같은 조짐은 느낄 수 없지만 그저 그 자리에 존재한다는 생각만 들 뿐 슬픔이나 두려움 같은 어두운 감정은 느껴지지 않는다. 그녀의 다른 작품에는 어렸을 때부터 무섭기 이를 데 없던 쥐 한 마리가 붓꽃과 어울려 깨끗한 초록색을 배경으로 누워 있다. 혐오하던 쥐의 죽음이 평화와 그저 있음으로 다가옴에 의아하기까지 하다. 이것이 작가가 말하는 죽음과의 화해일까.

죽음은 도처에 널려 있다. 인터넷 자살사이트를 찾아 헤매는 젊은이들이 있고 가족관계의 와해로 야기되는 혈육소외, 삶의 목적을 세우지 못하는 희망소외 등으로 야기되는 소외자살이 점점 늘어간다. 광신적인 믿음으로 무장한 채 스스로 행복한 사후세상을 찾아가는 이도 있고, 죽음에 대한 두려움으로 젊었을 적부터 온갖 처방을 다 쓰다가 심지어는 고래 심줄을 구해 씹었다는 어느 신문사 사장 이야기가 화제가 된 적도 있다. 어떤 깨달은 이는 태연히 "나 오늘 간다."라는 한마디 말을 뒤로하고 편안히 눈을 감아 두고두고 화제에 오르기도 한다.

누군들 죽음에 대해 또 죽음 뒤의 세상에 대해 확고하게 정의할 수 있을 것인가. 우리가 할 수 있는 일은 죽음과의 화해뿐이다. 삶을 철저히 관리함으로써 여한을 남기지 않도록, 내 할 일은 다 했다고 자부할 수 있도록, 내 생은 내 나름으로 행복했다고 장담하며 떠날 수 있도록 철저히 준비하는 것만이 죽음을 이해하는 하나의 방법이라 믿는다.

잠시 부는 바람에 은행잎들이 비행한다. 한 차례 곡예 끝에 찬 땅에 몸을 눕히고 오래 쉴 채비를 한다. 삶은 죽음으로 완성되는 것은 아닐까. 사람들은 죽음의 끝을 잘 알지 못하지만, 자신이 원하는 방향으로 믿으려 한다. 나름의 방식대로 죽음은 이해된다. 「길 위의 죽음, 자연 속의 죽음」이라는 베로니카 니콜슨의 작품 하나를 가슴에 담고 미술관 긴 회랑을 걸어 나오는 발걸음이 가벼웠다.

백두옹

"버리다니. 쟈들은 내 보고 이래 가라 저래 가라 안 했심더. 아무 일도 없심더. 자, 이 보소. 이것도 애들이 넣어준 기라."

백발의 할머니는 쇼핑백 속에 들어 있던 요구르트를 손에 쥐고 달게 마셨다. 기사는 기자의 의견 제시 없이 여기서 끝났다.

통도사 서운암에서 꽃길 순례 중에 요즘은 보기 드문 야생화를 만났다. 노고초^{老姑草}나 백두옹^{白頭翁}으로 불리는 할미꽃이다. 쪼그리고 앉아 유심히 보는데 며칠 전에 읽은 신문기사가 떠오른다. 오십 대의 자식들이 팔순 노모를 서로 모시지 않겠다고 다투다 결국 거리에 방치하여 존속유기혐의로 불구속 입건되었다는 것이 기사의 줄거리였다. 경찰이 자녀들에게 휴대전화로 연락을 하였지만 아무도 받지 않았다고 한다. 딸과 아들이 몇 차례나 어머니를 모시고 왔다 갔다 하며 서로 모시라고 싸웠다는데 그 꼴을 보며 할머니는 어떤 생각을 하셨을까. 나중에 경찰서에 온 자식들의 손에는 비싼 반지며 시계가 번쩍거렸다고 한다. 공영방송 앵커가 현대판 고려장이라고 목청을 높였던 이유를 알 것 같다.

  이슬일까. 간밤에 흘러내리다 남은 빗물일까. 고개를 들지 못하고 땅을 향해 목을 축 늘어뜨린 꽃송이에 눈물이 맺혀 있다. 따사로운 햇살이 보듬어 주기 전까지는 그 눈물을 지우지 못할지도 모른다. 꽃잎과 줄기에 촘촘히 자리 잡은 하얀 솜털들이 처량한 세월로 다가온다. 한때는 보송보송한 그 모습을 고귀한 품위로 느꼈는데 이렇게 안쓰러운 건 무슨 까닭일까. 아무래도 할머니가 달게 마셨다는 요구르트 때문인 것 같다. 할머니 입에 요구르트가 달기는 달았을까.

  할미꽃은 슬픈 전설을 가진 꽃이다. 할머니는 남편도 없이 세 딸을 정성을 다해 키워 시집을 보냈다. 늙어 지팡이에 몸을 의지하고는 잘사는 큰딸네를 찾아갔으나 천대받고, 살림을 많이 해서 시집보낸 둘째 딸네에서도 푸대접을 받았다. 결국 가난하지만 착한 셋째 딸을 찾아가는 길에 산고개를 넘다가 눈보라 속에 쓰러지고 말았다. 이듬해 봄, 할머니의 무덤가에 허리가 꼬부라진 자줏빛 꽃이 피어났다고 한다. 평생을 다 바쳐 사랑한 딸들의 지청구를 견디는 그 고초가 오죽하였으랴. 짠한 마음으로 그 꽃을 들여다보고 한참 눈길을 주었다. 전설 속에만 있어야 좋을 이야기라 여겼는데 오늘은 할미꽃 앞에서 쉬이 발을 옮길 수가 없다. 피어난 지 며칠 되지 않았으련만 꽃은 세월을 다 짊어진 듯 힘들어 보인다.

　예전에 아는 언니는 가끔 낙동강 둑에 간다고 하였다. 부부 사이에 의견이 맞지 않는 일이 있을 때, 홀어머니가 마음 불편해하실까 봐 목소리가 높아질 만한 일은 밖에 가지고 나가 언쟁을 하였던 것이다. 언니 내외의 사려 깊음에 저절로 고개가 숙였다. 세상이 달라졌다. 부모를 모시고 사는 경우도 드물고 자식과 함께 사는 집이라고 하여도 요즘은 노부모가 바깥으로 나간다고 한다. 자식 내외가 싸움을 하니 편을 들 수도 없고 자기 때문에 싸우나 싶어 집에 있을 수도 없어 바람 찬 거리에서 서성댄다는 것이다. 여전히 꽃은 아름다운데 배려하는 마음들은 어디로 갔을까.

꽃송이는 고개를 들지 못하고 있다. 무른 줄기에 비해 꽃송이가 커서 땅을 굽어보고 있기는 하겠지만 노고초老姑草라는 이름자와 연결 지어보면 옛날이나 지금이나 자식들 키워내느라 온갖 고초苦楚를 겪은 노모의 뱃구레에 힘이 남았을 리 만무하다. 자식들 먹이고 입히고 가르치고 결혼시키느라 허리가 휜다. 그러고 나서도 집 마련이며, 사업자금이며 온갖 걱정에 머리카락이 센다. 결국 늙고 병들어 자식들에게서 버림받고 요양원에서 여생을 정리하는 노인들의 사례가 얼마나 많은가.

백두옹白頭翁이란 별명이 무겁다. 자세히 보면 귀티 나는 자줏빛 꽃잎이 벨벳처럼 윤기 있고, 통실한 꽃대도 탐스럽다. 하지만 얼마 지나지 않아 꽃잎은 떨어지고, 그 자리에 암술의 날개가 긴 은발처럼 늘어졌다가 다시 하얗고 둥글게 부풀어 백발을 풀어헤칠 것이다. 봄바람에 휘날리는 백발 올올이 그리움을 실어 보내는 할미꽃의 모습은 손을 내저으며 자식들의 잘못이 아니라고 극구 부인하는 기사 속의 할머니와 닮았으리라. 알 듯 말 듯 연한 향기일지라도 자식들이 눈치채고 눈길이라도 한번 보내주길 기원하는 할미꽃의 하루는 얼마나 길까.

작년 봄, 황매산에 철쭉을 보러 갔다. 봄 향기를 내뿜는 붉은 꽃 무리가 얼마나 찬란하였던가. 꽃 빛에 반해 일주일 뒤에 친구들을 데리고 다시 찾았더니 뻗치던 봄기운이 그새 시들어 가고 있었다. 주자는 "연못가의 봄풀은 아직 꿈을 깨지도 못하는데 / 댓돌 앞의 오동나무 잎은 이미 가을 소리를 전하는구나."라고 읊었다. 삶은 그런 게 아닐까. 살아 있는 것들치고 영원히 젊음을 유지하는 것은 어디에도 없다. 삶의 끝을 향해 한 걸음씩 나가고 있음을 모두 알고 있다. 단지 피부에 와닿지 않기에 잊고 살 따름이리라. 노모의 노고를 잊고서 서로 모시지 않겠다고 다투던 그 사람들도 머지않아 세월의 무상함에 머리를 떨구는 때가 올 것이거늘.

꽃잎 끝에 맺혔던 이슬이 뚝 떨어진다. 햇살이 나오고 꽃잎이 벌면 흰 털이 없는 선명한 속살을 볼 수 있을 것이다. 누구나 누구의 자식이고, 누구나 누구의 부모가 된다.

뒷동산에 할미꽃
꼬부라진 할미꽃
젊어서도 할미꽃
늙어서도 할미꽃

어린 시절 이 노래를 부를 때 우리는 할머니의 꼬부라진 외모 때문에 더욱 포근한 품과 손길을 떠올렸지 싶다. 그런 할머니들이 노년에 구석진 곳에서 힘없이 기대어 서 있는 모습을 본다. 자식들에게 넘치도록 사랑을 퍼 준 결과라면 너무 딱하지 않은가.

쑥 같은 사람

웅녀의 후손이라 그런가. 나는 쑥을 좋아한다. 내 혀는 쓴맛을 즐길 줄 안다. 야생 도라지도 우리지 않고, 더덕 껍질도 대충 벗겨 쓴다. 요리에 쓴맛을 감하기 위해 설탕을 치는 것도, 한약을 마시고 나서 알사탕을 입에 넣는 것도 하지 않는다. 씁쓰레한 것은 뭔지 깊이가 있는 것 같고, 이유 없이 쓰지는 않을 것 같지 않은가. 조금씩 쓴맛을 음미하다 보면 은근히 내 몸에 원기가 차오르는 것 같아 행복해진다.

쑥이 일어선다. 싱크대와 식탁 위를 점령하고 그 기세를 점점 키우는 중이다. 남편이 간밤에 거문도에 가서 뜯어 온

쑥 한 자루를 기세 좋게 부려놓았다. 소복하게 가라앉은 채로 밤을 새우고 나서 말끔하게 씻어주었더니 물을 먹고 기색이 피어오른다. 채식을 즐기고, 식물 중 쑥을 최고로 치는 터라 덩달아 바빠진 내 얼굴도 생기를 띤다. 떡을 쪄서 여기저기 나누고, 남은 것은 두고두고 아침밥 대용으로 먹을 요량이다. 양을 보니 부자가 된 듯하여 사진을 찍어서 동생들에게 자랑했다. 쑥은 볼 때마다 나의 기를 북돋우는 신비의 손을 가졌다. 쑥의 정액을 약사여래의 호리병 속 영약이라 해도 될까. 생명수 같은 이 약물을 오늘 또 마셔볼 작정을 했다.

 쑥을 덜어 손절구에 갈았다. 짓이겨지는 쑥잎에서 쑥즙이 배어난다. 삼베에 배어 나오는 쑥즙에 추억이 따라 나온다. 출근을 하니 반 아이가 검푸른 물이 담긴 작은 유리병을 내밀었다. "할머니가 이거 선생님 마시랬어요." 며칠 앓았다는 어린 선생이 걱정되셨을까. 음산한 색깔의 액체가 든 병을 잡은 내 손이 떨렸다. 뜻밖의 선물이었고, 이걸 어떻게 먹나 하는 걱정이 앞섰기 때문이었다. 마시는 것을 보고 가야 한다는 아이 앞에서 하는 수 없이 쑥즙을 한 모금 삼켰는데 발가락이 오그라들 지경이었다. 그래도 학생 앞에서 의연해야 했고, 그 애의 할머니께 고마움을 표해야만 하였다. 꿀꺽이며 다 마시는 순간 뒤통수에 통증이 일었지만 참아내었다. 기뻐하는 아이를 보내고 돌아서는 내 얼굴이 일그러졌다. 미맹이 될 듯 호되게 당한 혀가 제 색을 찾기에는 제법 시간이 걸렸다.

팍팍한 쑥잎을 모아 한 컵의 즙을 만들려면 얼마나 많은 쑥을 으깨야 했을까. '이 참혹한 쓴맛이 내 큰 아픔을 보듬어 주는 영약이려니….' 다음 날부터는 마음까지 아리다가, 거듭되자 뒷맛부터 쓴맛이 누그러졌다. 외로운 시기였다. 자주 아팠고, 돌봐줄 이 없는 곳에서 혼자 견디며, 직장에서는 몸 사릴 수 없었던 처지여서 속으로 여위어 가던 때였다. 어찌 할머니는 맷돌로 쑥을 가셨을까. 채소 장사를 하며 손녀 하나를 직접 키우시던 그분은 손녀의 담임인 어린 선생도 돌봐야 할 영역에 넣어주셨던 것일까. 한의학서에 적힌 효능이 아니더라도 열흘이나 계속된 그 할머니의 정성으로 내 몸은 냉기를 쫓았고, 그 생각만 하면 지금도 내 가슴이 데워진다.

쑥을 볼 때마다 생각나는 부사가 있다. '쑥쑥'이란 말인데 이건 어쩜 쑥에서 생겨난 말이 아닐지 어릴 때부터 궁금하였다. 추운 겨울날에 서릿발이 얼고 녹아 질척해진 밭둑을 걷노라면 봄이 오더라도 다시 씨 뿌리지 않으면 살아 있는 게 있을까 싶도록 흙은 여력이 없어 보였다. 기적처럼 대지에 푸른 기가 돌고 숨었던 마른 줄기에 봄비가 스미면 쑥은 움트고 자라, 빈 들을 점령해 나갔다. 쑥의 굵은 잎줄기와 얇고 메마른 잎 매무새를 살피자면 안타까움이 인다. 다른 봄나물들이 생생한 물기로 몸피를 늘이는 동안 쑥은 허리를 졸라매는 결핍의 실천으로 섬유질이 충만한 전투적인 몸을 만들었다. 죽음의 땅 히로시마에 제일 먼저 찾아와 생명의 불꽃을 쏘아 올린 식물이 쑥이라 했던가. 어쩌면 '쑥쑥'은 쑥의 정체성이다. 인간이 최고로 치는 미덕, 생명이다.

 쑥은 늘 타인에게서 나에게로 왔다. 결혼하였고, 아이를 기다렸지만, 세상일이 원한다고 이루어지는 것은 아니었다. 몸에 좋다는 것들을 챙기고 병원에 다니는 동안 어머니는 몇 번이나 인진쑥을 달여 오셨고, 나는 감독하는 이 없어도 그걸 다 먹어내었다. 플라스틱 말통을 들고 진주서 부산까지 오르내린 어머니의 발걸음은 무거웠다. 아버지는 병환 중이셨고, 동생들은 어렸으니. 쑥정이 유난한 나에게 과수원 풀베기를 미루고 쑥 뜯어가라 연락하던 희자 언니가 고마웠고, 육지에서 백여 킬로미터나 떨어진 섬에서 약효 진한 쑥을 뜯느라 낚시도구를 밀쳐놓고 팔을 걷어붙인 옆지기 때문에도 나는 쑥쑥 자라야 했다.

어쩌다 쑥을 만나면 걸음을 멈추고 들여다본다. 쑥잎을 잘게 뜯어 냄새를 맡는다. 치네올 성분 덕분에 미세먼지에 허덕이던 코가 뻥 뚫린다. 나태한 후각세포를 깨우고 머리가 맑아진다. 내가 혼자 살아낸 것이 아니라는 것! 오리무중의 답답함을 건너 촌철살인의 방책을 찾았을 때 느끼는 쾌감 같은 것. 이 벼락같은 일깨움에 가슴이 북소리를 낸다. 쑥의 향이 내 몸속 쑥 샘과 접속할 때 그분들의 다정한 눈빛이 나를 에워싼다. 그들은 수수하지만 사람을 이롭게 하는 약효로 가득한 사람들이다. 토양을 탓하지 않고 어디서나 흙을 잡고 다독여 생명의 길을 안내하는 쑥처럼 강하고 정이 충만한 사람들이다. 그들이 내게 준 것이 어찌 쑥뿐이었을까.

쑥물을 마신다. 혀뿌리에 그리운 이들이 보초를 서는가. 두 눈을 감고 가난한 내 속을 어루만지는 쑥물의 이동을 가만히 느껴본다. 나도 언젠가 쑥 같은 사람이 될 수 있을까.

민들레처럼

　　　　　　　　　노랑은 기쁨의 색이다. 우편엽서의 아래쪽에 한 줄로 늘어선 키 작은 민들레 세 포기가 앙증맞다. 삼차원 영상처럼 배경에서 떠올라 내 눈 안에 꽉 차오른 것이 눈을 더욱 동그랗게 만든다. 빈 여백이 외롭게 보여 연필로 보송보송한 솜털 달린 씨앗을 여러 개 그려 넣었더니, 씨앗을 매단 꽃들이 하얀 갓털을 낙하산처럼 활짝 펼친다. 바람에 실려 얹힐 곳으로 떠나는 수많은 솜털이 비상하면서 흘리는 희망의 노래를 듣는다. 슬며시 미소가 번진다.
　봄바람에 실려 온 소식은 언제나 가슴을 뛰게 한다. 친구가 이번에 근무지를 옮긴 내게 자작시 한 편을 적은 축하엽서를 보내주었다. 그 엽서의 뒷면 아래에 곱게 자리한 민들레가 답신을 써보려고 한 내 마음을 먼저 빼앗아 버렸다. 내가 민들레란 별칭을 갖게 된 연유에서다. 우연인 줄 뻔히 알면서도 필연처럼 다가온 그 꽃에 의미를 두고 싶어진다.

평론가인 K 교수님이 얼마 전에 나의 졸작 「지는 것은 아름답다」를 평하면서 나를 민들레 같은 사람이라고 언급하셨다. 수수한 모습으로 바쁜 생활 속에서도 최선을 다하려고 애쓰는 품이 민들레와 같이 느껴진다고 하셨던 것이다. 민들레는 친숙한 꽃이다. 진미령 노래 중에 "돌아오지 않으리. 민들레처럼~" 하는 부분은 가끔 나도 모르게 흥얼대는 소절이다. 별 태깔도 나지 않는 나를 꽃에 비유해 주셔서 무척 고마웠다.

민들레는 내가 그렇게 좋아하는 꽃은 아니었다. 민들레 쌈은 즐겨 먹지만 후미진 곳이나 척박하고 지저분한 곳 가리지 않고 아무 곳에서나 피어서 귀한 꽃이라 하기 어려웠다. 알레르기 비염에 시달리다 보니 갓털 달고 날아다닌다는 것이 심리적으로 부담스럽기 그지없었다. 오히려 나는 가슴 아리도록 붉은 보랏빛 제비꽃이나 흰 구름과 잘 어울리는 코스모스, 미세한 공기의 흐름에도 잘게 떠는 자줏빛 앵초 같은 꽃을 좋아했다. 대개가 가냘프고 손대면 상처 입을 듯한 연약함이 그 특징인데 허약한 체질 탓에 친구들로부터 청순가련형으로 분류되던 내 지난날에 대한 버리지 못한 아쉬움이 그렇게 이끌었는지도 모른다. 어쨌든 행여 고맙게도 누군가 나를 꽃에 비유해 준다면 그렇게 호명해 주기를 바랐던 것이다.

민들레를 캐서 묵정밭에 옮겨 심은 적이 있다. 비슷하게 생긴 씀바귀나 개망초, 솜방망이류는 가려내고 민들레만 골을 따라 정성껏 심고는 호미에 묻은 흙을 떨어내었다. 이제 발로 밟아줄 차례다. 부스스한 흙을 눌러 식물을 안정시키려는 포석이다. 키에 비해 잎이 넓적하게 번, 거기다 빠르게 꽃망울이 생긴 것까지도 밟는 것은 사실 좀 당혹스러운 일이다. 생명력이 강해서 밟아도 죽지 않으며 밟아주어야 뿌리를 잘 내린다는 것을 알지만 그래도 조심스러워 살금살금 밟았다. 독재자 같은 내 발에 밟히는 민들레가 측은하기도 하고, 잘 자라기를 바라는 소망이 강하게 올라오기도 하였다.

집에 오는 길에 철도 건널목을 건너다보면 철도 간수들이 근무하는 작은 초소가 있다. 초소 담 옆 좁다란 버려진 밭에 초록 잡풀들이 오밀조밀 편한 자세로 땅을 점령했다. 위쪽으로 그보다 1미터나 높은 벽의 갈라진 틈새에 민들레한 포기가 기울어진 채 터 잡고 있었는데 지난 주말에 보니 시멘트벽을 바탕으로 마침내 멋진 꽃 그림을 완성했다. 자신이 뿌리내린 곳이 어딘지 조금도 상관하지 않는 듯 자신만만하게 얼굴을 태양 쪽으로 치켜든 품이 멋지다. 참 기특하다. 어디에 내놓아도 지지는 않을 것 같은 기세다.

민들레는 국화과에 속하는 여러해살이 풀꽃이다. 수많은 혀꽃으로 이루어진 두상화가 피는데 북반구의 여러 지역에 분포하고 남반구에서는 아직 발견된 바가 없다고 한다. 영국 하워드의 에밀리 브론테 농장에서 본 민들레는 놀라울 정도로 거대하였고, 베트남 후에의 민망 황제릉과 일본 오키나와 만좌모 가는 길에서 본 민들레는 우리 동네 민들레처럼 아담하였다. 우리나라 고유의 종으로는 흰민들레, 좀민들레, 산민들레 등 십여 종이 있으며 유럽에서 귀화한 서양 민들레가 번식력이 좋아 널리 세력을 펼치는 중이다. 용도도 다양해 쌈이나 샐러드를 만들거나, 꿀벌을 키우는 밀원용으로, 위장병 치료에 쓰기도 한다.

입김까지 허옇게 어는 한겨울 아침에 큰 나무 빈 가지 아래서 서리를 된통 둘러쓴 민들레를 보면 안쓰럽다. 추위에 질려 붉은 잿빛 옷을 입고 땅바닥에 앉은 민들레는 잎 가장자리가 얼었다. 모든 잎을 땅에 붙여 지면과 넓게 접촉한다.

지열에 몸을 의탁하고 나약한 햇빛이라도 맘껏 받으려고 로제트 상태로 겨울을 이겨내는 나름의 생존전략이다. 그리하여 땅속에 깊이 자리한 뿌리는 새 삶을 일구어 낼 봄을 그리고, 새잎은 하늘을 향해 고개를 치켜들 수 있게 된다.

바람 좋은 날, 동네 잡풀 우거진 곳 민들레 군락을 찾아나서면 포릉포릉 날아오르는 함성이 들린다. 새 삶터를 찾아 떠나는 작별의 소리가 눈에 가득 보인다. 둥근 공처럼 뭉쳐 발 딛고 있던 모태를 떠나 희망을 안고 자유로운 세상을 찾아 하나씩 하나씩 낙하산을 편다. 바람 부는 대로 몸을 띄우는 그들은 마치 터키 카파도키아 하늘을 수놓던 열기구들 같다. 내 마음도 덩달아 둥둥 떠오른다. 마음은 이내 내가 그리던 곳을 향해 날아간다. 어떤 때는 옷깃이나 머리카락에 내려앉은 갓털을 찾아내고 그 조그만 씨앗 속에 숨은 꿈을 생각해 보기도 한다.

한지로 인형공예를 하는 김영희 씨의 책을 보면 들판에 지천으로 핀 민들레를 뜯어다가 볼이 미어지도록 쌈을 싸 먹는 이야기가 나온다. 그녀가 독일인과 결혼하여 뮌헨에 살 때의 일이다. 독일로 와 여섯 아이를 키우고 있는 그녀에게 민들레는 그리운 고향이었을 것이다. 보살피는 이 하나 없어도 우리 산천 어디서나 가장 가까운 곳에 자리하여 잔잔한 기쁨을 나누어 주는 꽃이기에, 그녀가 우연히 마주친 민들레 군락은 잊고 있었던 유년에의 애틋한 초대였을 것이다. 한달음에 달려가고 싶은 그리운 고향이었을 것이다.

민들레 잎을 떼어내면 그 자리에 하얀 진액이 배어 나온다. 매우 쓴데 이 맛이 바로 입맛을 돌려주는 데 특효다. 봄을 타서 입맛이 없고 힘이 부칠 때면 재래시장에 간다. 밭두렁이나 언덕배기에서 직접 캔 자연산 제철 민들레를 사기 위해서이다. 하우스에서 재배한 것보다 억세고 모양은 볼품없지만 토장 얹어 쌈으로 먹거나 데쳐서 생된장 넣어 조물거려 놓으면 입맛이 당긴다. 뿌리째 즙을 내어 먹으면 위장병에 좋고, 기관지 염증을 가라앉히는 데도 효능이 있다고 하니 작고 흔하다 여겼는데 참으로 귀한 풀꽃이 아닌가.

지난 수요일에 다스림 동인들이 꽃으로 별칭을 지었다. 제비꽃, 목련, 코스모스, 들찔레, 심지어는 양귀비꽃까지 거론되었는데 나는 서슴없이 민들레를 받아들였다. 외모나 성격이나 별 특징이 없는 탓에 어릴 적에도 별명 하나 얻어 본 적이 없다. 생전 처음으로 얻은 별칭이 민들레인 셈이다. 예쁘고 쓸모 있고 내가 떠나온 고향 같은, 개척정신이 강한 슬기롭고 기특한 꽃이 민들레일진대 받아들이지 않을

까닭이 없다. 나를 민들레로 칭하는 것은 우유부단한 나에게는 지나친 찬사라 해도 좋겠다. 내가 민들레를 닮은 것이 아니라 민들레를 닮고 싶다는 것이 새 별칭을 얻은 나의 솔직한 심정이다.

  나는 민들레다. 엽서 위에 자리한 꽃은 사철 샛노랗게 웃을 것이다. 그 옆에 진짜 숨 쉬는 꽃을 놓아주고 싶다. 문밖만 나가면 아파트 화단 여기저기에, 길섶 어디에서건 쉽게 찾아볼 수 있는 민들레이지만 내 가장 가까이 두고 보살피고 싶다. 주말엔 창고에서 긴 화분 찾아들고 민들레를 찾아 나서야겠다. 내 창턱에서 나의 반려가 될 민들레를 그려본다.

신성리 갈대밭에서

저물녘이다. 이 시간은 사람의 마음을 묘하게 가라앉히고 명상에 들게 한다. 고개를 구부리고 온몸에 햇살을 받고 선 물갈대들은 성스러운 의식을 치르는 듯하다. 겸허한 감사의 몸짓들이 일렁인다. 저쪽 금강 너른 물의 잔 물굽이들이 쉴 새 없이 금빛 갈채를 보낸다. 오르세미술관에서 대면한 밀레의 「만종」에서 느꼈던 숙연함보다 더욱 북받쳐 오르는 감정으로 누군가의 목소리를 듣는다.

"성실히 하루를 보낸 이들이여, 수고하였노라."

기름진 충적토에 갈대가 산다. 힘든 역사 짊어지고 온 흙덩이들과 허한 속 움켜쥔 갈대들이 모여 마을을 이루었다. 허리가 꺾일까 봐 이웃의 어깨에 손을 걸었다. 함께 흔들리며 세월을 이긴다. 뿌리줄기 마디마다 수염뿌리를 숱하게 내려 흙을 단단히 얽어매고서 그늘을 만들고 사나운 물결을 잠재워 생명을 키운다. 골골이 사랑 스민 자리에 왕집게발 갈게 가족이 깃든다. 갈꽃들이 수줍어하지 않고 은빛 목덜미 흔들며 구애의 노래를 부르는 날, 후두둑 날아오른 철새 떼를 볼 수 있다면 얼마나 좋을까. 그 풍경 속에서 한 번쯤 잊었던 사람을 추억할 수도 있으련만.

 머리를 푼다. 묶어둔다는 것은 초겨울의 갈대숲 속에서는 어울리지 않는 일인 것 같다. 헐렁한 옷자락 속에 바람을 잔뜩 넣고 머리카락을 휘날리며 걸어보는 것이 어떨까. 휘날리는 건 바람 때문만은 아니다. 탯줄이 잘리는 순간부터 묶이는 건 싫었다. 마음도 갈대처럼 휘청거리도록 그냥 두어라. 먼 포구 쪽으로 눈길을 두어보자. 뜻하지 않은 반가운 이가 안겨들지도 모른다. 사랑일 수도, 추억일 수도, 희망일 수도 있을 터이니. 여정에 쫓겨 어쩔 수 없이 맞춰진 시간이었다. 하지만 오래전에 나의 방문은 예정되어 있었는지도 모른다. 이토록 친숙하고 향긋한 것을 보면.

갈대밭에서는 나락을 타던 마른 논에서 뿜어 나오던 볏단 내가 난다. 숨바꼭질하다 숨은 낙엽 더미 뒷자리에서 치마에 붙은 검불 내가 난다. 빈 논의 짚가리에 기대어 앉았다 일어서면 왠지 모를 아련함에 뒤돌아보게 하던 그런 냄새가 난다. 오래전에 암사동 선사거주지에서 신석기시대 혈거주거를 본 적이 있다. 이엉을 인 움집에 살던 원시인들은 인류의 조상, 호모 사피엔스들이었다. 인연 따라 몇 번의 환생을 거쳐 다다른 이곳 신성리 갈대밭 가운데서 내가 오랜 세월 전 소박하던 옛집의 냄새를 떠올리게 된 것일까.

놀의 포용력을 보아라. 옅은 잿빛으로 물든 갈꽃의 솜털조차 붉게 물들었다. 갈의 몸속에는 원래부터 자주라는 색이 살았었다. 불그레하던 꽃은 이제 자갈색으로 변하였지만 몸에 남아 있던 자주가 풀려 놀을 붉혔을까. 포슬대며 일어서는 작은 소리들이 거친 잎새 틈에서 스며 나와 군무를 춘다. 스르륵 스르륵 자기들이 일으키는 성근 바람에 몸을 맡긴다. 단단해진 내 마음도 풀려 어느새 그들을 따라 움직인다. '갈꽃'이란 말을 소리 내어보면 그 하얀 손짓에 어울리지 않게 서글프기도 하고 이마를 차게 식히는 설렁한 한기가 느껴지기도 한다. 멀리 시선을 두면 놀에 물드는 갈대숲은 부드러운 모포가 되어 마음을 감싼다.

역시 혼자여야 한다. 안에서 가라앉은 내 소리를 끄집어 내고 싶다면 서걱이는 갈잎 부딪는 소리만 조용히 들을 수 있어야 할 것 같다. 신경림 시인이 "언제부턴가 갈대는 / 속으로 조용히 울고 있었다."라고 노래할 수 있었던 것은 스스로 갈대가 되어 귀 기울이는 것이 처음이고 끝이었다. 갈대숲을 한참 걸어 강변에 닿았다. 이곳에 서려면 갈대와 같은 마음으로 서야 하지 않을까. 속이 비어 스산한 소리를 질러대는 갈대 곁에서 마음을 비워보자. 먼지 하나 없이 비우고 나면 금강의 물빛을 가득 채우자. 흔들리는 물비늘까지 아로새겨 오래오래 충일한 느낌만 마음속에 가두어 두자. 살다가 채운 것이 힘겨워지면 다시 이곳 신성리 갈대밭에 혼자 오리라.

카메라를 켠다. 액정을 가득 채운 삭막한 색채를 본다. 연한 황토, 미색, 바랜 갈색 등 채도가 확 떨어지는 화면은 어쩌면 빈 것 같은 생각을 하게 한다. 하지만 조금씩 밝기를 다르게 하며 화면 가득 빈틈없이 들어찬 생명의 몸짓들, 시인들은 그들의 손짓에 감동했었다. 튀는 이 없이 조화롭게 어울린 민초들이 모여 삶을 꾸린다. 번잡스런 짱뚱어, 음전한 갈고둥까지 갈무리하며 갈대는 한 허물을 벗어간다. 겨울이면 십만여 평의 갈대밭에 십만의 철새들이 모여드는 곳, 고니와 청둥오리, 검은머리물떼새가 만들어 낼 장관에 동참하고 싶다.

　강물은 거절을 모른다. 받아들이고 싶지 않은 탁한 것들일지라도 품고 녹여 함께 간다. 이 안쓰러운 순례자에 발을 담그고 갈대는 결심하였다. 내가 거름판이 되리라. 사람들은 그들에게 정화식물이란 훈장을 달아주었다. 시화호로 흘러드는 하천의 물을 거르기 위해 안산시가 인공으로 대규모 갈대습지를 만들었다는 소식을 들은 적이 있다. 갈대는 조금씩 여위어져서 이제는 속이 비었다. 한참을 갈대숲에 이는 바람 속에 서 있었다. 황망한 내 욕망과 걱정들이 내게서 떨어져 나왔다. 행여 빈 갈대 속에 그것들이 들어앉을까 염려되었다. 무심한 표정으로 갈대들이 속삭인다.

"잊어버려. 잊어버려."

　흔적 없이 처리해 준 그들에게 정다운 눈길을 보내본다. 이제 나도 그들과 어깨를 겯고 함께 바람을 탈 수 있을 것 같다.
　구도자의 마을에 해가 지고 있었다. 모두가 깃든 곳으로 돌아가야 할 시간이지. 바람도 숨죽이고 물굽이도 스러졌다. 가벼운 발걸음으로 인사를 고하였다. 온전히 비우고 왔다고 생각한 내 마음에 그리움이 살포시 깃들어 따라온 줄을 그때는 몰랐다.

CHAPTER 5

그냥 꽃, 제3의 젠더

내가 좋아하는 마티스의 그림 「댄스」 속의 나부들이 손을 잡고 원무를 추듯 여덟 그루가 어깨를 걸고 둥글게 어울려 있다. 함께하는 모습이 좋아 꽃이 피지 않을 때도 들고 날 때 내 눈을 사로잡는 대견한 나무들이다.

아마릴리스, 아마조네스

 누가 여성을 꽃이라 했던가. 손바닥만 한 꽃이라니. 씩씩한 아름다움이다. 화개장터에서 데려온 주먹만 한 구근 하나에 이렇게 큰 세계가 숨어 있을지 몰랐다. 달포 넘게 애를 태우더니 드디어 꽃대 끝에 사방으로 커다란 나팔형 꽃을 세 개나 피웠다. 화피갈래 속을 들여다본다. 화판 아래쪽에서 뻗쳐 나온 삐침무늬가 빨간 치마폭에 대필로 친 댓잎처럼 거침이 없다. 파죽지세다.
 그 기운에 압도된 까닭일까. 말실수를 하였다. 단체톡에 올린 사진을 보고 이름을 묻는 친구에게 '아마조네스'라고 알려주고 폰을 닫았던 것이다. 프로이트에 의하면 무의식에 억압되었던 것이 부지불식간에 드러나 버린 것이라는데 그래도 의외의 연상이다. 아마조네스라니? 한 손에 무기를 들고 용감히 다른 손을 내민 여전사의 이미지를 그려보니 한 사람이 떠올랐다. 아카데미 시상식 무대에서 트로피를 들고 온몸으로 박수갈채를 받던 사람, 윤여정 배우다. 그녀는 세상 사람들을 설득하러 나선 장수 같았다. 코로나 때문에 소외감에 절어 있던 국민에게 함박웃음을 전리품으로 안겼다.

아마조네스는 그리스 신화에 나오는 여성 무사족의 이름이다. 그들은 수렵의 여신 아르테미스를 숭배하며, 부족을 지키기 위해 무술을 익혔다. 활을 쏘고 창을 던질 때 방해가 되지 않도록 한쪽 가슴을 누르고, 다른 쪽으로 아이를 먹여 길렀다. 다른 종족의 사내들이 하는 역할을 도맡았으되 그들에게 있어 어미의 자리는 포기할 수도, 누구에게 대여할 수도 없는 고귀한 소명이었다. 역사가의 상상에 의지해 각색된 부분도 많겠지만 그 부족의 여인들은 꽃이자, 벌이자, 농부였으며, 그 시대의 알파걸이었다.

그런 아마릴리스가 여든을 바라보는 할머니라면 생뚱맞지 않은가. 한껏 뻗쳐낸 긴 꽃대 끝에는 미모로 한자리하는 젊은 여배우가 더 어울린다 할 것 같기 때문이다. 하지만 꽃줄기의 단호한 색깔과 꺼칠한 구근의 모습을 보았다면 이야기는 달라진다. 사실 양파보다 나을 게 없는 몰골이었다. 검보랏빛 껍질은 터덜거렸고, 버짐 핀 까까머리에 돋은 볼록한 혹 탓에 다른 것을 골라 봐도 별수 없지 않았던가. 키가 작고 강마른 할머니가 시상대 앞에 섰다. 단순한 검정 드레스에 흰 머리카락을 단정히 올려 튼 모습이 화려함이나 우아함, 또는 섹시함이라는 콘셉트를 잡은 대부분의 여배우들과 확연히 달랐다. 환한 웃음을 입은 그녀에겐 은발과 얼굴 주름이 보석이 되고 향수가 되었다. 덧칠하지 않았기에 사람들은 그녀의 내면을 더 잘 볼 수 있었다.

"저는 경쟁을 싫어합니다. 다섯 후보는 각자 다른 영화에서의 수상자입니다. 우리는 각기 다른 역을 연기했잖아요."

겹겹 내피 속에서 고이 갈무리한 지혜가 그녀의 말에 실려 세상으로 퍼져나갔다. "최고는 없다, 최중이 필요하다.", "대본은 먹고살아야 하는 내게 성경이었다."라는 그녀의 말을 나는 공책에 적어놓았다. 그녀가 쏘아 올린 화살이 세상을 돌고 돌아 나의 아마릴리스꽃 속에 내려앉고, 나팔 소리처럼 쟁쟁 울리고 있다. 생명을 키우기 위해 쉼 없이 영양을 빨아들여 구근을 살찌우는 노력 끝에 꽃을 피우고, 세상에 자신의 목소리를 거침없이 보낸다.

아니라고 세상을 향해 외치는 것은 윤여정의 내공을 짐작하게 한다. '자신의 역할'에서 '자신'을 지울 수는 없다. 어차피 혼자 태어나 세상은 혼자 갈 수밖에 없지만 순간마다 함께하는 사람들이 있어 저마다 가진 강렬한 색채를 섞고 문지르고 덜어내어 조화로운 세상을 엮어낸다. 하기에 '자신'은 더욱 소중하다. 자칫 잃어버린다면 자신의 역할에 최선의 노력을 기울이기도, 자신의 색깔을 찾기도 어려울 터이니. 신데렐라의 유리구두란 '자신'에 속한 것이 아니어야 함을 알았기에 그녀는 애당초 밖에서 반짝이는 것을 얻으려 하지 않았다. 마음속의 금강석을 찾고 다듬었다. '자신'을 지켜내었다.

아마릴리스는 남미가 원산지다. 스페인어로 Ama는 여자 가장을 뜻한다. -Ryllis가 가지는 뜻은 알 수 없으나 나는 영어의 Release를 떠올린다. 아마릴리스, '여성 가장의 해방'이라. 얽매임을 끊고 자신의 의지로 선다는 뜻으로 읽는다. 그러고 보니 날씬하게 뻗어 나온 여섯 개의 수술대와 하나의 암술대가 장엄하기까지 하다. 어머니의 자리다. 수술과 암술은 중매자를 기다린다. 꽃이 달릴 자리를 마련하기 위해 죽을힘을 다해 밀어 올린 꽃대는 날이 갈수록 심지를 될 것이다. 튼실한 열매가 들어설 자리도 준비되었다. 애증의 그림자도, 욕심의 찌꺼기도 비워낸 그 자리에 들어서는 것이 무엇이든 슬기롭게 다독일 자신이 생겨서일까. 그녀는 편안해 보였다.

윤여정은 아마조네스의 전사다. 이혼의 상처를 오롯이 받아들이고 아이들을 안았다. 유명인이기에 그녀의 힘든 가정사를 사람들은 대체로 알고 있었다. 한때는 쉽게 어둠의 그림자를 벗어내리라 생각지 못해 안쓰러워하기도 하였다. 그녀가 빈 줄기 속에 쓰디쓴 눈물과 아픈 모정과 수많은 대본을 쟁여 넣고 우뚝 서서 세상을 바라보았다. 가열했던 삶에서 구한 내공으로 부드러우면서도 강하고, 진중하면서도 재치 있게 말했다.

"나를 바깥으로 내몰았던 아이들 덕분에 이 자리에 섰습니다."

무슨 배역이든 맡아 생계를 책임지려 했던 그녀의 시간이 든든한 지지대가 되어 탄탄대로를 닦는다. 땀과 눈물이 양팔저울의 눈금을 영으로 만들기도 힘들었을 텐데 이제 그녀의 트로피가 땅에 얹혔다. 그녀가 받은 갈채는 세상과 전투를 벌이는 어머니들에게 나누는 비타민이라 해도 될까.

 아마릴리스 꽃잎이 바람에 잘게 흔들린다. 나팔 소리를 스캔한다. 진격의 신호인가. 힘내라는 격려인가. 아니면 어찌 살았소, 잘 살았소, 묻는 존재론적 의문부호인가. 나도 치열한 워킹맘이었다. 집에서도, 직장에서도 발에 바퀴를 달고 살았다. 일인다역을 맡은 내게 알람은 수시로 나를 재촉했다. 논바닥에 조금 남은 습기를 갈무리하며 아끼고 아껴 내 땅을 다져나갈 때 미래는 어떨지 생각할 겨를이 없었다. 칡과 등나무가 되어 만들어 낸 불협화음은 또 얼마나 많았던가. 시간 우물의 바닥을 박박 긁어대며 동동거렸던 그 순간들이 소중하지만, 혼자라는 낱말에 익숙해진 아들을 향한 미안함이 앙금처럼 가라앉아 있다. 이젠 아쉬움도 내 삶의 일부인 것을 겸허히 받아들인다. 살아내었으니 되었다.

 공허한 날개옷을 벗겨주고 싶다. 회자되는 꽃말인 '눈부신 아름다움' 말이다. 외관에 초점을 둔 것이겠지만, 화려한 화판 속에 깃든 정신의 아름다움을 조준하기엔 어울리지 않는 것 같다. 소심한 여성성은 버려도 좋다. 그냥 '꽃'이다. '제3의 젠더'다.

"아마릴리스, 너의 별명은 여전사꽃, 꽃말은 당당함이야."

작명의 기쁨을 즐기는 내게 이 경이로운 식물은 네 번째 꽃봉오리를 쏘아 올리는 중이다.

상추꽃

　　　　　　　　주인을 기다리는 마음이 키만 키웠을
까. 1미터 정도씩 자란 상추는 꽃을 피웠다. 손톱만 한 노란
꽃봉오리들이 서글펐다. 때를 놓쳐 쓴 물만 잔뜩 돌았을 몸,
그 하얀 진액을 모아 꽃을 피운 상추여. 너희들은 화초가 아
니지 않겠는가. 태우지 못한 아쉬움이 모여 쓰디쓴 독즙을 이
루었다. 그로 인해 예상치 못한 방향으로 삶의 길을 트는 것,
그것을 운명이라 해야 할까.

　임 주사는 술을 좋아하였다. 불콰하게 열이 오른 얼굴일
때 그는 친절하기 그지없다. 세상에 부러울 것이 없는 듯
사람 좋은 웃음을 날리며 말도 많아졌다. 자기 이야기를 하

기도 하고 넘치도록 깍듯하게 사람들을 대하기도 하여 교원들은 술이 사람을 변하게 하구나 느끼기도 하였다. 또 늘 저렇게 행복하게 보였으면 하고 내심 바라기도 하였다. 유쾌해진 그를 보면 술을 즐기는 남교사들은 입맛을 다시며 자기도 얼른 한잔 약속을 잡을 정도였다.

그는 타고난 농부였다. 학교 본관 앞의 척박한 화단에 온갖 채소를 가꾸었다. 큰 나무들에 가려 잡초들이 터 잡고 큰 소리치던 화단에 배추, 상추, 부추, 쪽파, 들깨, 파슬리 등이 꽃보다 더 정갈하게 자라났다. 남들이 몇 년을 노력해도 이루지 못하던 일이 그의 호미 끝에서 완성되었다. 자식처럼 가꾼 채소를 뽑아 퇴근하는 교사들에게 건네주던 그의 투박하고 커다란 손을 기억한다. 시골 출신다운 넉넉한 마음 씀이 동네 삼촌 같았다. 한때 버려둔 땅이 안타까워 풀을 매는 시도도 있었지만 그저 한두 번의 열정 분출에 그칠 뿐이었다. 그는 남들이 포기한 땅에 생명을 준 사람이었다.

채소들은 푸르다 못해 검게까지 느껴질 정도로 싱싱하였다. 아침마다 들여다보며 신기해하는 도시 아이들의 시선을 즐기는 듯 힘찬 기운을 뿜어내었다. 아이들의 발걸음 소리를 기대하며 그것들은 날마다 쑥쑥 몸을 불렸다. 임 주사는 매일 아침, 채소에 물을 주고 깨끗이 씻어놓은 현관 가운데 서서 학교 식구들을 맞았다. 주인이라도 되는 양 오가는 교사들과 덕담을 나누고 지나는 아이들에게 일일이 인사를 시키고 주의를 주며 삶의 정기를 다듬었다. 남들이 대단치 않게 여기는 일일지라도 마음과 몸을 다 던져 사랑하는 모습이 아름다웠다. '산다는 것의 마지막 의미는 그런 것이 아닐까.' 한동안 잊고 있었던 학창 시절부터 품었던 화두가 슬그머니 얼굴을 내밀었다.

월요일 아침, 경쾌한 노랫가락에 발을 맞췄지만 등굣길은 왠지 맥이 풀린 듯하였다. 그는 일요일에 근무하던 중 내출혈로 쓰러져 혼수상태에 빠졌다고 하였다. 늘 주위 사람들을 살피더니 그날은 혼자 쓰러져 고통을 감당하는 중이라니 놀라고 안타까웠다. 그가 보이지 않았기에 오가는 아침 인사는 활기가 없었다. 어린 왕자가 체험한 길들여짐의 소중함을 모두들 어느새 깨닫고 있었던 것일까. 김국환은 "한 치 앞도 모두 몰라 / 다 안다면 재미없지."라고 노래하였지. 지혜로운 여우조차도 다 알지 못하는 것이 인생임을 어찌 모르랴만 그가 없는 빈자리는 허전하였다.

제철이었다. 보기만 해도 아삭대는 소리가 들리는 듯싶어 어른들은 입맛을 다셨다. 탐스러웠다. 한 줌 뜯어서 점심때 입이 미어지게 먹기도 하고 퇴근할 때 한 봉지 뜯어가

기도 하련만 아무도 손대지 않았다. 수북한 북 한 모서리도 흐트러진 데 없는 밭의 외양은 누군가 울타리를 치고 보호하는 꽃밭처럼 보였다. 나날이 잎을 뜯겨야 옳을 상추가 값비싼 화초처럼 대우받고 있었다. 상추가 중앙현관 계단에 도열한 노란 국화 화분보다 더 애틋하게 눈길을 모았다. 평생을 돌밭에 구르다가 가는 길에 꽃상여를 탄다더니….

밭 가득 기대를 채우다가 상추는 꽃이 되고 말았다. 꽃은 제대로 벌지 못하였다. 매일 살펴도 대충 오므린 그대로 꼿꼿이 서 있기만 하였다. 두 손으로 하늘 높이 소지를 치켜든 것 같은 노랑꽃 위에 임 주사의 모습이 어른거렸다. 생각하다 보면 스스로 예언을 하게 되고 그러다 보면 꼭 그렇게 되리라 믿어버리기도 한다. 상추는 보여주는 삶을 살게 되었다. 더불어 사는 식구들에게 그 주인을 기억하게 하는 매개체가 되었다. 볼 때마다 임 주사의 회복을 비는 기원의 눈길을 얹는 금단의 꽃이 되었다. 본연의 의무인 식탁을 풍성하게 하는 일을 제대로 하지 못하게 되었더라도 상추는 새로 맡은 자신의 역할을 충실하게 해내었다.

어느 날, 상추 포기가 모조리 뽑혀 밭에 군데군데 뭉쳐져 있었다. 큰 키에 어울리지 않는 가늘고 짧은 뿌리가 어색하였다. 소원을 뭉쳐내느라 뿌리를 튼실하게 키울 시간을 갖지 못하였구나. 애잔하여 쉽게 지나치기 어려웠던 그것이 다음 날에는 오래 내 발을 붙들었다. 시들어 가는 잎과 달리 꽃들이 고개를 치켜들고 꽃잎을 벌렸다. 노랗고 작은 얼굴들은 삶을 마감하는 뿌리의 고통과는 별개의 것이었다. 임 주사의 몸에 연결된 작은 관으로 노란 상추꽃의 열정이 흘러들기를 소망하였다. 임 주사가 아직 피우지 못한 자신의 삶을 위해 상추꽃처럼 고개를 세우기를 기도하였다.

'산다는 것의 마지막 의미'는 남은 이의 가슴에 그림자로 남는 것이다. 꽃이 되어버린 상추를 보는 것은 그를 기억하는 이들이 그에게 보낸 작은 경의의 표현이었을 터이다. 모두는 잘 자란 상추에게서 병상에 누운 그를 떠올렸다. 철없는 아이들도 소중하게 그들을 지켜주었다. 상추꽃의 색깔도 몰랐던 나에게 그는 샛노란 생명으로 자리 잡았다. 본연의 기능을 상실하였으나 더 진실한 경건함으로 동료들과 아이들은 그를 격상시켰다.

마지막 상추꽃 봉오리 하나가 진눈깨비를 배경으로 떨고 있었다.

노고초와 노숙자

'버린다'라는 낱말은 어떤 에너지를 가진 말일까. 가치가 없다고 생각하는 것을 버리는 일이라면 긍정적 에너지를, 가치 있는 것을 챙기지 못하고 버린다면 부정적 에너지를 방출하는 낱말이 될 것 같은데. 법정 스님이 입적하신 후 그의 저서 『버리고 떠나기』는 사람들에게 또 다른 화두를 던진 듯하다. 오랫동안 지켜오던 삶의 방식을 버린다는 것은 쉬운 일이 아니지 않을까.

요즘 소리 내어 웃게 되었다. "하하하." 욕심도 걱정도 걷어버린 귀한 웃음을 운 좋게 텔레비전에서 본 까닭이다. 웃는 모습은 아름답다. 신나게 웃을 때 사람들의 얼굴은 잘남과 못남을 떠나 웃음 자체로만 보인다. 세상에서 가장 아름다운 모습은 웃는 얼굴이라는 생각을 한다. 파안대소하는 사람의 인상치고 마음을 끌지 않는 경우가 없지 않았나. 소심한 성격인 나는 실눈을 뜨고 목젖이 보이도록 호쾌하게 웃는 할머니의 모습이 부럽기 그지없었다.

　SBS「순간포착 세상에 이런일이」의 주인공이 된 노고초 할머니를 포항에 위치한 깊은 산속에서 보았다. 세속을 버린 지 어언 삼십 년, 외로움과 서러움도 모두 버린 듯 할머니의 얼굴에는 웃음이 가득하였다.

"세상은 살 곳이 못 되어."

　거칠었던 세월을 짐작하게 하는 말씀이었지만 지금 그 이유들은 할머니에게 별다른 찌꺼기로 남아 있지 않은 듯 호탕하게 웃으셨다. "구름같이 바람같이 한평생 살다가 흙으로 돌아가면 그만이지."라는 할머니의 말씀에는 구도자 같은 여유가 넘친다. 하늘을 보고, 숲을 보고, 맑은 물을 보고, 갖가지 나무들을 골라 심어 자신이 개간한 산밭도 보고….

　욕심을 버리자 부족함도 없어졌다. 기울어 가는 초가집,

강아지 혓바닥처럼 펄럭거리는 고무신, 구멍 숭숭한 때에 전 옷이 무슨 문제이랴. 간장을 반찬 삼아 식은밥 한 덩이 꺼내셔도 남겨서 옆 개울에 사는 고기들을 부르셨다. 손자 보듯 "아이고 예뻐!" 하고 좋아하시는 할머니의 웃음이 아이처럼 무구하다. 인생무상이라. 둥그런 무덤 앞에 외롭게 고개 숙이고 피었다가 어느 순간 의연하게 백두옹이 되어서는 노고초가 저런 모습이었을까. 집 앞 채소밭에는 각을 지어 정렬한 해병처럼 고춧대와 감자포기가 잡풀 하나 없이 군기를 세우고, 숲을 헤치며 찾아간 산밭에는 묘목들이 질서정연하여 기자들은 혀를 내둘렀다. 바빠서 외로울 새도 없다며 할머니가 숲이 울리도록 또 웃으셨다. 그분이 그 숲의 주인이었다.

  버린다는 것은 저런 것일까. 가난하지만 범접할 수 없는 철학과 의지를 가진 할머니의 삶 앞에서 나는 의문에 잠긴다. 행복이란 개인의 생각에 달린 것이기에 할머니에게 누구도 세상 밖으로 나오라고 권할 수 없었다. 그분이 진정으로 행복해 보였기 때문이다. 버리는 사람이 많은 세상이다. 명예도, 일도, 가족도, 가치도, 목숨까지도 버리고 떠도는 사람들이 매일 신문의 사회면을 장식한다. 가치 있는 것들을 힘들게 버리고도 자신을 제대로 찾지 못해 아직도 방황

하는 사람을 며칠 전 서울역에서 보았다.

　햇살이 마천루의 유리창에 반사되어 밝게 빛나는데 사람들은 희망에 찬 얼굴로 어디론가 떠나고, 또 어디선가 돌아오는 중이었다. 부산에서 오랜 시간 기차를 타고 도착한 나는 오랜만에 서울이 어떻게 맞아줄지 설레는 마음으로 힘껏 역사의 문을 밀었다. 패티 김의 「서울의 찬가」처럼 정답고 아름다운 거리를 보게 될까. 이용의 노래처럼 푸른 꿈이 넘쳐흐르는 낭만의 도시를 대면하게 될까. 하지만 기대와는 달리 나를 맞이한 것은 환한 대낮에 나 보아라 하고 활개를 치는 어둠이었다.

　노숙자였다. 웃통을 벗고 계단에 거꾸로 몸을 걸친 그는 술에 취한 듯하였다. 지나가는 경찰관이 어쩌나 싶었는데 모른 체해 버리고, 사람들은 그를 피해 멀리 돌아서 길을 갔다. 주위를 돌아보니 곳곳에 노숙자들이 모여 앉아 더러는 술추렴을 하고, 더러는 화투장을 돌리고, 또 어떤 이는 구부리고 앉아 행인을 구경하거나 낮잠에 취해 있었다. 세상은 우리에게 아무 말 말라는 듯 태연자약하게 서울역을 점유하고 아예 그 터에서 살림을 차려버린 그 모습에 할 말을 잃었다. 길거리로 나서다니.

　사정이 오죽 딱했겠나 싶으면서도 미간을 찌푸리고 마는

것은 지금 그의 모습에서 영화에서나 본 패잔병의 그림자를 느끼기 때문이다. 전쟁터 같은 삶을 헤쳐 오느라 지쳐버린 그는 많은 것을 버렸다. 가족과 일, 살면서 지켜오던 모든 예절이나 가치관을 버리고 수치심이나 자긍심도 버렸다. 그러나 가장 중요한 것은 자기 자신을 아무렇게나 길 위에 버렸다는 것이 아닐까. 많은 사람이 이용하는 서울역 앞 계단에 반라의 차림새로 거꾸로 걸쳐 누워 이성을 알코올에 건네주어 버렸다. 노숙한다고 해서 정신까지 노숙을 시켜서는 안 될 일이건만….

언젠가는 근처 지하도를 건너다가 질색을 한 적이 있었다. 그들이 대형 택배 상자 하나씩을 차지하고 지하도 양쪽에 줄지어 앉아서 통로를 종종걸음으로 지나는 나를 동시에 쳐다보는 것이 아닌가. 저녁 시간, 다른 행인이 없어 더 두려웠던 그 생각만 하면 접질렸던 발목이 또다시 뜨끔거린다. 그들이 마음 편하게 머물 곳은 없을까. 번듯한 마천루의 그늘이 아니더라도 쉼터를 늘려 적어도 잠은 다리 뻗고 잘 수 있게 배려해야 하지 않을까 싶었다. 노숙하는 이들이 있는 세상에서 우리가 따뜻한 방에 발 뻗고 자는 것은 어쩌면 미안한 일인지도 모른다. 하지만 많은 이들이 간섭받는 것보다 거리가 낫다며 쉼터보다 또다시 노숙을 택한다는 공무원의 말을 듣고 보니 말문이 막혔었다.

할머니는 노숙자들보다 더 많이 버린 사람이다. 세상까지 버리지 않았던가. 그래도 진정 소중한 것은 챙기셨다. "하하하." 할머니의 웃음소리는 건강하였다. 눈빛은 맑았고 물고기와 나무들을 사랑하는 마음으로 행복해 보였다. 노숙자들은 주위를 흘깃거리며 지나가는 사람들에게 두려움과 짜증을 심어주었으며, 사람들의 못마땅해하는 마음을 아는 그들은 '할 테면 해봐.' 하는 표정으로 마천루에 조소를 날리고 있었다. 노고초 할머니의 웃음소리를 그들에게 전해주고 싶다. 마음 둘 데 하나 정해 노력한다면 그들도 할머니처럼 환하게 웃을 수 있을 텐데, 안타까운 마음이다.

버려야 할 것은 부질없는 욕심이나 게으름이지 자존심이 아니지 않을까. 나도 걸림 없이 크게 한번 웃고 싶다.

"하하하하!"

동백꽃

　　　　　　　눈시울이 뜨겁다. 요즘 들어 매일 보다시피 하는 동백꽃을 볼 때마다 일어나는 현상이다. 우연히 본 여행기사 속에서 부인에게 보낸 추사의 서신을 읽다가 마지막 문장에 묶여버렸으니.

　　오늘 집에서 보낸 서신과 선물을 받았소. 당신이 봄밤 내내 바느질했을 시원한 여름옷은 겨울에야 도착했고, 나는 당신의 마음을 걸치지도 못하고 손에 들고 머리맡에 병풍처럼 둘러놓았소. 당신이 먹지 않고 어렵게 구했을 귀한 반찬들은 곰팡이가 슬고 슬어 당신의 고운 이마를 떠올리게 하였

고. 내 마음은 썩지 않는 당신 정성으로 가득 채워졌지만 그래도 못내 아쉬워 집 앞 붉은 동백 아래 거름 되라고 묻어주었소. 동백이 붉게 타오르는 이유는 당신 눈자위처럼 많이 울어서일 것이오.

조선시대에 살았던 오십 대 중반 사대부의 서신이라. 오랜만에 미세먼지가 싹 걷힌 도심의 산을 보듯 눈이 맑아졌다. 제주도에 귀양 온 추사는 탱자나무 가시 울로 둘러싸인 초가지붕을 인 모거리 초라한 방에서 부인을 그리워한다. 천하의 명필이 두고 온 아내에게 한글로 편지를 쓴다. 도포도, 갓도 다 벗어놓고 속내를 남김없이 드러낸다. 두 사람 사이에는 자식이 없었다. 칠거지악이니 삼종지도니 온갖 굴레로 여성을 얽어매던 시대였으되 이를 개의치 않았으니 지금의 기준으로 보더라도 상남자라 할 만하지 않은가. 살뜰한 이 편지를 받고 부인은 또다시 눈물바람을 하였을 터이지.

우리 아파트 뜰에도 동백나무가 산다. 내가 좋아하는 마티스의 그림 「댄스」 속의 나부들이 손을 잡고 원무를 추듯 여덟 그루가 어깨를 걸고 둥글게 어울려 있다. 함께하는 모습이 좋아 꽃이 피지 않을 때도 들고 날 때 내 눈을 사로잡는 대견한 나무들이다. 오늘은 바람이 설렌다. 봄빛을 받아 반짝이는 초록 바탕에 점점이 얹힌 붉은 꽃송이의 찬란함이여. 우아하게 두 팔을 들어 올려본다. 노랫가락을 흥얼거리며 감흥에 사로잡히다가 아래로 시선을 돌린다. 차가운 땅에 누운 동백꽃이 붉다. 피 울음을 삼키며 천 리 밖에 위리안치된 남편을 그리는 부인의 아픔이 저리 절절히 물들었을까. 한 송이를 주워 들고 들여다보며 잠시 예안 이씨가 되어본다.

당신의 서신을 백구도 조는 초여름에 받게 되었습니다. 제가 보낸 여름옷을 병풍처럼 두르고 휑한 방안에 외로이 앉아 계실 당신을 떠올리며 겨울옷을 짓습니다. 육로와 뱃길을 타고 가는 천 리 먼 길을 미처 생각지 못하였나이다. 제가 아무리 정성 들여 손질했어도 곰팡이가 피어 먹지 못하게 되었다 하니 괜히 마당에 선 동백의 반질거리는 잎이 미워집니다. 고적한 당신의 뜰에 선 동백은 제가 보낸 정성을 당신 대신 먹고 그렇게 붉게 타오르는 것이겠지요. 오늘은 치워두었던 붉은 치마를 꺼내봅니다. 다시는 곰팡이 피지 않게 육포라도 쪄서 말리고 또 말려야 하겠습니다. 부디 강건하소서.

부인이 한 자 한 자 답신을 썼다면 이런 내용이었을까. 살아서 돌아올 기약조차 하기 어려운 남편을 기다리는 여심이 어찌 담대할 수 있었을까만 마냥 눈물지을 수만은 없었으리라. 드러내지 않는 그 마음을 읽어주는 따뜻한 품이 있어 붓을 들고 있는 동안 마음은 천 리를 달리고 파도를 넘어 지아비에게 향하고, 밤새 호롱불을 끄지 못하였을 터이다. 발목을 잡는 것이 바다가 아니고, 자식도 아니고 병약한 자신의 몸이었다면 회한은 더욱 짙었으리라.

꽃 한 송이가 내 앞에 툭 몸을 던진다. 온전한 모습으로 땅에 누운 정갈한 몸가짐이라니. 예안 이씨는 추사가 제주도에 유배된 지 삼 년 되던 해에 유명을 달리했다. 아내의 부음을 즉시 듣지 못하고 몇 달 동안 계속 아내에게 건강을 염려하는 편지를 썼던 추사의 애통함이야 말해 무엇할까. 천 길 먼 곳에서 그저 먹을 갈고 시를 지어 애달픔을 달래야만 했던 그 심사가 오죽하였으랴. 문인화의 걸작이라 불리는 추사의 그림, 「세한도」를 벽에 걸고 매일같이 보던 때가 있었다. 예전에는 단순하고 비틀린 나무줄기를 보며 선비의 고결한 기상이라 여겼었다. 요즘 「세한도」에서 내 눈 속에 들어오는 것은 극한의 외로움에 갇힌 앙상한 명상가 같은 겨울나무이다. 부인까지 떠나보내고 절해고도에서 하루하루를 견뎌내는 그의 황량한 마음이 갈필에 묻어 나왔다고 하면 남들은 내게 어이없다 할까.

선운사에 갔었다. 노래 가사처럼 동백꽃이 눈물처럼 후두둑 떨어지는 장면을 기대하며 찾은 그곳에는 흰 눈을 뒤집어쓴 검푸른 잎들만 얼어 있었다. 아쉬움이 발효되어 그리움이 되었을 즈음, 송창식의 노래를 배경으로 텔레비전 화면을 가득 채운 선운사 동백을 볼 수 있었다. 고결하고 영원한 사랑이라. 자막에서 본 꽃말 때문인지 한동안 그 영상을 자주 떠올렸다. 꽃이 피는 것도 사람의 인연도 기다림을 앞세우고서야 완성될 수 있는 것일까. 부인이 세상을 떠난 뒤에 그의 뜰에 피어난 동백은 더욱 붉지 않았을까. 이승과 저승으로 나눠진 진한 별리의 아픔으로 피멍 든 꽃송이를 추사는 어찌 두고 보았을까. 세월이 흐른 뒤에 부부는 합장되었다고 한다. 후손들에 의해 이승에서 못다 한 부부의 연을 다시 잇게 되었으니 더는 울 일이 없으리라.

막대기를 주워 들고 땅에 원을 그린다. 줄기와 잎과 꽃이 한 울타리 안에 들었다. 병약한 아내를 걱정하는 다정한 지아비의 품처럼 파릇한 풀들이 융단처럼 깔렸다. 추사는 '임자가 몸을 보호하여 가는 것이 나를 보호하여 주는 것'이라 썼었지. 남편을 걱정하는 살뜰한 지어미의 붉은 마음이 눈물처럼 융단 위에 흩어져 누웠다. 살면서 추사의 글씨를 제법 많이 접하였다. 칠십 평생 벼루 열 개를 밑창 내고 붓 천 자루를 몽당붓으로 만들었다는 명필이지 않은가. 그러나 내 마음을 사로잡은 것은 글씨가 아닌 한 편의 언문 편지였다. 녹슨 자물쇠를 벗기고 내 안의 편지함을 들여다본다. 한때는 감성으로 채웠던 그 공간이 이렇게 비워진 줄 몰랐다. 오늘, 이백여 년이나 되는 시간을 가로질러 후손이 쓰는 서툰 편지를 그분들은 어찌 보실까.

> 붉은 동백을 보면 눈길이 부드러워집니다. 야속하다고 투덜대기 바빴던 메마른 마음에 물기가 돕니다. 요즘 세상에 가장 흔하게 떠도는 말이 사랑이지요. 하지만 쉽게 돌아서는 것도 예사로운 일이 된 듯합니다. 누구는 핏빛 아픔으로, 또 누구는 피 끓는 정념으로 동백을 봅니다. 지어미의 붉은 눈시울을 걱정하며, 마음을 살뜰하게 전할 줄 아는 선생님의 명문을 대하고 나서 동백의 붉음은 어쩌면 지아비의 사랑에 행복해하는 여인의 한 조각 붉은 마음이 아닐까 합니다.

그리움으로 빨갛게 물든 꽃들을 본다. 바래지 않는 단심이다.

청려장

잡초는 서러운 이름이다. 그 명명의 아픔을 달래준 제대로 된 찬사를 알게 되었다. '빙청옥결'이라. "명아주 국으로 배를 채우는 사람 중에는 얼음같이 맑고 옥처럼 깨끗한 사람이 많지만, 비단옷 입고 맛있는 음식 찾아 먹는 사람 중에는 남에게 굽신거리며 아첨하기를 기꺼이 하는 사람이 많다."는 『채근담』의 문장이다. 명아주는 우리나라의 가장 민중적인 야생초 네 가지 중 하나로 꼽히는, 전국에서 볼 수 있는 흔한 풀이다. 그것이 새로운 관심사로 떠오른 것은 지난 노인의 날이었다.

문학강좌에 갔더니 회장님께서 오전에 공무원들이 집에

와서 보물을 주고 갔다고 자랑하셨다. 귀가 솔깃해서 사진을 보여달라고 하였는데 수강생들이 돌려 보고는 다들 의아한 눈치다. 대통령이 보낸 선물이 수많은 옹이가 도드라진 구부러지고 비틀어진 긴 막대기라니. 예상을 뒤엎는 겉모습에 여기저기 물음표가 날아다니는데 회장님이 청려장靑藜杖이라 일러주셨다. 백수를 넘긴 노인들에게 국가에서 주는 선물인데 지팡이 중에서 최고로 치는 명아주로 만든 명품이라 하였다.

한마디로 장수지팡이다. 신라에서는 부모가 50세가 되면 자식이 효도지팡이를 만들어 드렸고, 60세가 되면 마을에서 청려장을 선물했는데 이를 향장鄕杖이라 불렀다. 조선시대에 들어와서는 70세가 되면 나라에서 국장國杖을, 80세가 되면 임금님이 직접 조장朝杖을 하사했다는 기록이 있다. 국장이나 조장을 짚은 노인이 마을에 들어서면 원님이 직접 나가 맞이할 정도로 노인은 존경의 상징이기도 하였다. 앞 세대를 이끌어 간 고마움의 대상으로 또 지혜를 나누어 줄 스승으로 대접한 것이 아니었나 싶다. 실낱같던 명아주가 저리 단단한 청려장이 되는 것과 제 몸 가누지 못하던 아기가 세상 온갖 풍파 이기고 마지막에는 세상의 구루로 인정받는 것은 참 닮았다.

봄날 명아주 새싹이 찬 땅을 뚫는다. 가냘픈 연생이더니 쉴 새 없이 물을 빨아올리고 햇살을 품어 어느새 가장자리가 톱니처럼 생긴 세모꼴 넓은 잎을 펄럭인다. 봄이면 사람들의 잔손질에 힘입어 나물이 되고, 국거리가 되어 자신의 몸을 보시한다. 살아남은 포기들은 키를 키운다. 억센 가지를 한껏 벌린다. 눈길 주는 이 없고, 거름 한 줌 물 한 바가지 그저 얻을 수 없어도 하루의 삶을 소중히 살아낸다. 초여름에 덩어리져 때깔도 나지 않는 꽃을 피우고 가을이면 씨를 갈무리해 후대를 기약한다. 우악스럽고 단단한 줄기로 주위의 풀을 장악하고, 큰 키로 먼 경치 구경하다 지루해진 어느 날, 잘려 눈 여문 사람의 마당으로 자리를 옮긴다. 명아주가 고지에 깃발을 꽂는 순간이다. 품계를 기대하는 순간이 온 것이다.

사내가 낫을 간다. 잔뿌리와 가지를 쳐낸다. 군더더기 인연들을 다듬질하고 명아주가 홀가분한 맨몸으로 다시 선다. 양철로 만든 긴 통에 넣고 삶는다. 속병처럼 숨어 있는 멍든 흔적을 처리해 볼까. 원망도 버리고 미움도 없다. 쉽사리 지울 수 없었던 슬픈 얼룩들을 우려내 버리고 명아주의 몸은 무게를 벗는다. 삶은 줄기를 꺼내 껍질을 벗기고 몇 개씩 막대기에 묶어 곧게 편다. 바람은 얼마나 자주 초본의 가지를 꺾었던가. '이제는 바로 설 때'라며 습관처럼 굳어버린 굽신거림의 흔적을 없애고 명아주가 허리를 곧추세운다. 사포질하고 서너 번 옻칠한다. 명아주가 새로운 꿈을 꾸며 한해살이의 한계를 벗는다. 청려장. 사람을 돕는 의로운 길을 내디딘다.

  가벼운 것은 커다란 미덕이다. 삶의 고비 같은 수많은 옹이를 가지고도 감자 한 알 정도의 무게만 허락하다니. 자식과 며느리의 마음을 가득 채운 신심과 효심 또한 무게가 없다. 욕심으로 채워진 것 없고, 남에게 미룰 것도 재물을 바랄 것도 없으니 응어리져 앙금 맺힐 것 또한 없다. 행여 비운 듯 깍듯하게 대하다가도 힘들거나 자신이 받을 것이 없다 여겨지면 부모를 소홀히 하는 사례들이 얼마나 많던가. 세월은 살과 같다. 신궁이 아니어도 과녁을 향해 곧은길로 날아가면 좋을 것이련만 세상은 너무 비틀거린다. 불과 몇십 년 전에 "한국에서 장차 인류문명에 크게 기여할 것이 있다면 그것은 부모를 공경하는 효사상일 것이다."라고 했던 역사학자 토인비에게 미안해진다.

  옹이에 목질부 섬유들이 얽히고설켜 더 질겨진 것일까. 명아주는 자신보다 몇백 배의 무게를 지탱하는 강건한 줄기를 자랑한다. 배리배리하던 어린 시절은 전설 속 이야기처럼 멀기만 하다. 사람도 굴곡진 시간 속에서 키를 키우고 근육이 단단해지는 법이다. 두려움 없이 세상사에 당당하게 맞대면할 수 있게 되려면 햇살과 바람과 비, 눈과 서리, 그리고 빛과 어둠이 다 필요하지 않을까. 청려장을 짚고 다니면 중풍에 걸리지 않는다고 하는데, 손잡이의 옹이가 주는 지압 효과 때문이란다. 산전수전 겪은 이의 지혜는 주위에 덕을 펼쳐놓는다. 그러고 보면 옹이는 아픈 흉터라기보다 귀한 용연향이다.

 이미 회장님의 시어머니께는 청려장이 있었다. 옹이가 유난히 도드라지고 굽고 비틀린 기다란 막대기가 없어도 그분은 누구보다 당당한 자세로 곧추설 수 있으셨다. 효성스러운 아들과 심지 굳은 며느리가 세상 무엇과도 견줄 수 없는 청려장이었음을 어찌 모르시겠는가. 청려장을 받은 날, 시어머니는 이제 팔순을 넘긴 회장님 부부에게 "나를 요양병원에 안 보내서 너무 고맙다."라고 말씀하셨다고 한다. 듣고 있던 수강생 모두 입술을 꾹 다문다. 자신의 여물기를 재느라 침묵한다. 시간을 채 썰어가며 시어머님 봉양에 최선을 다하는 회장님이 귀가를 서두르신다. 그 모습을 지켜보며 나는 이파리 축 늘어뜨린 덜 여문 명아주로 남아 양손으로 턱을 괸다.

부러운 눈으로 사진 속 청려장을 본다. 옻칠로 단장한 고운 광택 속에 시골집이 일렁인다. 청려장에 뜻을 둔다면 튼튼하게 뿌리를 내렸는지 줄기는 얼마나 단단해졌는지 스스로를 두드려 볼 때이건만 내 성장은 미미하기만 하다. 몇 달 후면 구순, 기억을 잃어가는 내 어머니께 청려장이 되어드릴 수나 있을까. 아직도 잡초에 불과한 내 눈물이 푸르다.

네펜데스의 통발

　　　　　　벌레잡이통발이라. 주머니가 주렁주렁 달린 묘한 식물 이름은 네펜데스라고 하였다. 재미난 이름이 궁금하여 요리조리 살폈다. 통발에 담긴 액체 속에서 형태가 일그러진 날파리가 보였다. 꽃집주인이 요즘 식충식물 키우기가 유행이라며 한번 골라보라고 권하였다. 매끈한 주머니 모양과 윤기 흐르는 새빨간 입술이 매력적이었지만 움직이던 것들의 사체를 보고 싶지는 않아서 사양하였다. 그래도 초록 바탕에 빨간 표범 무늬 화려한 색깔이 마음을 끌었다.

　그날 목적지는 영화관이었다. 오랜만에 친구들과 보는 공짜영화라 기분이 좋았다. 하지만 참으로 만족스러울 것이라는 기대는 처음부터 어긋나기 시작했다. 장기밀매라는 예사롭지 않은 제재를 소홀히 다룬 나의 불찰이다. 시작부터 찰진 욕설이며 가혹한 불법행위가 사뭇 보기 힘들었지만 주인공이 워낙 인지도가 있는 배우다 보니 괜찮은 영화리라 마음을 다잡았다. 중국으로 가는 여객선 안에 있는 공중목욕탕 안에서 범죄를 모의한 일당들이 납치한 사람들의 장기를 강제로 적출하는 수술 장면이 충격적이었다. 스크린에서 날뛰는 배우들이 미친 듯이 울었다. 영화를 보는 사람들이 고함을 질렀다. 그리고 내가, 놀라서, 이 순간을 어찌 모면할지 몰라서, 기가 막혀 소리를 지르고 또 질렀다.

피범벅이 된 화면을 보며 숨을 죽였다. 눈을 감았다. '요즘 범죄영화가 다 그렇지 뭐.'라고 다독이며 침을 삼켰다. 나를 초대해 준 친구에게 미안해서라도 영화를 제대로 봐주어야지 다짐까지 했는데 이십여 분 정도 또다시 비명을 지르다가 나는 벌떡 일어섰다. "더 못 보겠어. 먼저 간다." 후다닥 일어나서 출구를 찾았다. 어두운 계단에서 발목을 조금 접질렸지만 다행히 비상구를 열 수 있었다. 입구로 내달렸다. 붉은 카펫으로 덮인 복도를 지나며 나는 속으로 고함을 질러댔다. 귀를 막고 보고 싶지 않은 화면으로부터, 고막을 찢을 듯한 피해자의 비명으로부터, 가해자의 더러운 욕설들로부터 도망쳤다. 식은땀이 흘렀다. 속이 메슥거렸다. 누군가 손이라도 스쳤다면 소스라쳐 주저앉았을지도 모를 일이다.

그 후 며칠 밤이나 악몽을 꾸었다. 입 밖으로 나오지 않는 비명을 질러대는 고통을 아는가. 알 수 없는 추격자를 피해 음암한 동굴 속으로 끝없이 도망치며 허덕였다.

"대피하라. 대피하라."

숨이 막힐 듯 헐떡이며 가위눌린 끝에 눈을 떴다. 캄캄한 방구석 희끄무레한 물체에 놀라 마침내 소리를 내지른다. 꿈속의 나는 뭉크의 그림 「절규」 속 주인공이었다. 피처럼 일렁이는 붉은 구름 아래 검푸르게 요동치는 바다가 보이고 그것들을 배경으로 다리 위에서 해골 형상을 한 남자가 극도의 두려움 때문에 귀를 막고 소리를 지르고 있다. 전경에 혼자 고립되어 버린 남자는 눈동자를 크게 뜨고 비현실적으로 몸통까지 일그러진다. 나도 공포와 소스라침 같은 좀체 마주할 일 없는 낱말에 포위되고 말았다.

네펜데스의 통발은 크고 깊다. 암울한 죽음의 수조다. 통발의 미끄러운 벽에 몸을 밀어 넣었다면 탈출의 가능성은 낮다. 내가 도망쳐 나온 메가플렉스의 긴 회랑도 어둡고 길었다. 자유로운 상상으로 영화를 즐기러 들렀던 곳에서 내가 온 힘을 다해 뛰쳐나왔듯이 통발을 탈출하는 미물들은 얼마나 될까. 동영상으로 네펜데스의 사냥을 본다. 포충낭의 뚜껑이 열리고, 다디단 꿀과 양분을 입힌 빨간 주둥이는 유혹의 향을 뿜는다. 달콤한 죽음의 덫을 감지하지 못하고 개미들은 입을 맞추고 조금씩 경계를 풀어나간다. 서서히 폭력에 익숙해지고, 나중에는 길들어 누구든 머리를 감싸고 뛰쳐나가지도, 비명을 지르지도 않게 되는 게 아닌가. 그리고 어느 순간 미끄러운 벽을 타고 소화액에 빠져 서서히 죽어간다. 정신이 오염되고 순순히 본성을 내주고 만다.

가혹한 영상폭력이 마음에 그은 생채기는 시간이 지나면 흉터로 남는다. 흉터는 감각이 무딘 법이다. 굳은살이 더께 진 감성으로 세상을 제대로 보기는 어려울 터이지. 횟수를 더해갈수록 위기가 일상이 되고 잔혹함이 예사롭게 받아들여진다면 세상사에서 온화한 빛을 논하기는 어렵지 않을까. 그림 「절규」의 후경에서 공포에 떠는 뭉크를 버려두고 핏빛 하늘 속으로 아무렇지도 않게 걸어가는 두 남자가 내 이웃이고 내 삶의 배경이어야 하는 것일까. 도망쳐야 할 현실에서 위기를 느끼지 못하는 세상, 모두가 그러려니 하고

무감각한 세상이 된다면 내 비명을 들어줄 이도 없을 터이지. 다시 잠들지 못할 것 같다.

　심리적 지지자를 찾아 나섰다. 인터넷 검색을 해보니 나처럼 도망친 사람이 몇 있었다. 내가 유난을 떤 것이 아니라는 생각이 들어 고른 숨을 쉰다. 흥행이 제법 된다는 연예기사도 보인다. 예상치 못한 반응이다. 누가 보는가. 왜 보는가. 감독은 자신의 작품을 보며 어떤 점에 만족하는가. 왜 이 영화를 만들었는가. 질문해 보지만 나 혼자만의 독백이다. 사실 이웃 나라와 관련된 장기밀매 사건은 그리 오래되지 않은 실화이다. 아마도 그는 사람들에게 이런 범죄에 대해 주의를 환기하고자 했던 것이리라. 사회비판의 강도를 높이느라 실감을 위해 붉은 액체를 강조함으로써 공포심과 혐오감을 최대한 끌어올리고 싶었던 것 같다. 비유라는 렌즈로 그 사건을, 그 화면을 감독이 예술적으로 조정할 수 있었다면 나의 도망은 그 이유를 잃었으련만….

　영상은 현실보다 전능하다. 자유로운 상상으로 관객을 쥐락펴락한다. 감동도 평화도 폭력도 분노도 그 속에서는 고삐가 풀린다. 멀지 않아 그 영화는 안방 텔레비전에 진출할 것이리라. 그때 아이들은 19란 글자를 보면서도 화면을 끄지 않을 가능성이 높다. 아이를 키울 때 컴퓨터 게임계를 풍미하던 공포액션 게임 때문에 얼마나 갈등하였던가. 사람을 겨누고 총을 쏴대면 적이 고꾸라지고 화면에 뿌려지는 붉은 피 때문에 내 가슴이 얼어붙었다. 아이가 제 방에 들어가 문을 잠그고 게임을 할 때마다 스트레스 때문에 떨던 내 위장은 그때부터 자주 문제를 일으켰다. 위를 지그시 누른다. 묵직하게 느낌을 전해오는 위경련의 전조가 두렵다. 뉴스든 영화든 인터넷이든 곳곳에서 볼 수 있는 폭력의 손바닥 위에서 놓여나고 싶다. 눈빛 맑은 아이들을 어찌할 거나.

네펜데스가 사회 곳곳에 통발을 벌려놓고 누구든 걸리라고 주문을 왼다. 영상폭력의 바다는 닥치는 대로 녹여버리는 네펜데스의 소화샘이다. 누가 나서서 통발의 뚜껑을 닫을 것인가.

번역 수필

감나무 짙은 그늘을 그러려니 하였는데 나목 아래 서고 보니 그 푸름이 그립다.

I had always taken the dark shade of the persimmon for granted but now I miss that unchanging youth as I stand under a bare tree.

홍시

        감히 소리 내어 말하고 싶지 않은 낱말이 있다. 그중의 하나가 '아버지'인데 친정아버지를 너무 일찍 통곡으로 보낸 후 비어버린 마음자리를 그냥 두었다. 생각 속에서 사는 아버지까지 떠나버릴까 봐 아버지 이야기는 아예 하지 않으려 하였다. 혼자일 때 "아버지."라고 가만히 말해보면 빈방에 찬바람 스미듯 소름이 돋는다. 드러내 놓지 않아야 추억이라도 온전하게 내 것이 될 것 같은 뿌리 깊은 고독이 내게 최면을 거나 보다. 어쩌다 그 낱말을 꼭 말해야 할 때는 한 음운마다 또박또박 정성을 실어 발음한다.

  젊은 날 우리는 맞벌이를 하는 주말부부였다. 서울과 부산에 떨어져서 토요일만 기다리며 사는 처지였지만 막상 주말이면 나는 시외버스에 몸을 싣고 시댁으로 갔다. 아버님은 투병 중이셨고, 자식들은 멀리 있었다. 키다리 수탉이 무서워 종종거리는 시원찮은 며느리를 아버님은 따뜻하게 보살펴 주셨지만 동구 밖을 지나치는 택시 소리라도 들릴라치면 나는 담장 너머로 길게 목을 뺐다. 다리 곁 감나무 뒤로 잠깐 숨었던 택시는 이내 윗동네로 직행해 버렸다. 돌아서는 내 어깨가 축 처졌다.

"얼굴만 보고 내려와도 되는데…."

혼잣말을 하며 철없는 마음을 들킬까 봐 어린 며느리는 얼굴이 붉어졌다.

일요일 오후, 아버님이 나를 곳간으로 데리고 가셨다. 본채 옆 밭에서 가진 것 다 나눠준 감나무가 맨몸으로 서서 우리를 내려다보았다. 아버님은 오지항아리를 열고 비닐봉지에 마분지를 끼워가며 차곡차곡 홍시를 담으셨다. 허리를 깊이 숙이시는 품을 보니 손이 바닥까지 닿을 듯싶었다. 황급히 받아 들려고 하였지만 앞장서라며 손사레만 치셨다. 급하고 곧던 성정과 예전의 꼿꼿한 모습은 어디로 간 것일까. 동네 들머리 다리에 와서야 봉지를 쥐여주시고는 내 얼굴을 가만히 들여다보시는 게 아닌가. 초췌한 눈자위 근처에 번진 물얼룩을 어찌 마주 볼 수 있을까. 황급히 시선을 떨어뜨렸더니 아버님의 하얀 고무신에 눈이 시렸다. 차갑고도 서러운 색깔 때문에 코끝이 시큰하였다.

한참을 내려오다 뒤돌아보니 늙은 감나무 아래 아버님이 보였다. 까치밥도 하나 없이 고목은 고행 중이었고, 아버님은 나무 둥치를 잡고 기우뚱하게 서서 아직도 나를 보고 계시는 게 아닌가. 몸을 되돌려 뛰기 시작했다. 양팔에 달린 홍시 봉지 때문에 뒤뚱거렸다. "다음 주에 올게요. 추운데 빨리 들어가세요." 내 속을 돌아 나오는 낮은 목소리의 울림이 동굴 속 메아리 같았다. 목도리를 풀어 어깨에 둘러드리려 했지만 기어이 내게 다시 감아주셨다. 허공을 걷는 듯 발걸음이 겉돌았다. 암세포와의 싸움으로 지쳐가는 노인의 외로움이 길을 가려 자꾸만 안경이 흐려졌다. 오는 내내 버스 차창에 눈물로 일기를 썼다. 황량한 겨울 들판에 마르고 언 풀줄기가 그날따라 더 서러웠으니.

어제는 모양 좋은 홍시 하나 책상 위에 두었더니 누가 매직으로 장난을 쳤나 보다. 먹물같이 까만 겨울밤, 시골집 불 켜진 창호에 그림자 두 개가 정겹다. 나직나직 살아온 이야기를 들려주는 노인과 졸고 있는 어린 며느리. 함지에서 모양 좋은 홍시를 골라 껍질 벗겨 건네주는 노인의 거친 손등이 보인다. 갈매기 같은 눈과 쪽배 같은 입으로 홍시가 웃는다. 가만히 들여다보니 조곤조곤 밤을 밝히던 그분의 정겨운 음성이 들려온다. 한겨울 찬바람 속에 수척한 모습으로 떠나는 며느리의 뒷모습을 하염없이 지키던 슬픈 눈길을 본다. 아버님의 상여를 따르던 자식들의 걸음은 얼마나 무거웠던가.

앞뜰을 지나는 바람이 생각을 자른다. 그믐달이 창백하게 내려다본다. 이덕형이 보낸 홍시를 보고 조홍감이 고와 품어가도 반길 이 없어 서럽다던 노계 선생의 시조를 무심히 읊는다. 국어 선생님이 일러주신 시인의 마음은 시험을 위한 풀이였었나. 부모 되고 고아 되고 나서야 진정 이해할 수 있게 되는 것인가. 세월이 흘러 내가 거두어야 할 이들이 많이 생기면 인생에 더 당당해질 수 있으리라 여겼는데 그럴수록 기댈 언덕이 절실하다. 후회는 늘 지각을 하고, 연민은 그 뒤를 따르는 것일까. 감나무 짙은 그늘을 그러려니 하였는데 나목 아래 서고 보니 그 푸름이 그립다.

세계의 장수마을을 다룬 다큐멘터리를 본다. 텔레비전 화면에 한 노인이 활짝 웃고 있다. 칠순 정도로 보이는 백

살 노인의 정갈한 모습이 인상적이다. 그분이 사는 위구르 지역의 생활 모습과 말하는 투가 우리나라 사람과 무척 닮았다. 책상 위의 홍시를 집어 들었다. 이마에 물결처럼 주름을 그려주었다. 주름진 홍시가 웃고 있다. 위구르 노인과 아버님의 모습이 덧씌워진다.

"남자들도 돌아가신 부모님 생각에 눈물짓는 일이 있나요?"
"삶과 죽음은 다르지 않아. 다른 집으로 이사 가는 것과 같을 거야."

야속하게 말을 자르고 슬그머니 방으로 들어가 버리는 그의 뒷모습이 작아 보인다. 그도 오늘 밤 나처럼 뒤척이게 될까.

이젠 내가 아들아이를 떠나보낸다. 부산역에 가기 위해 지하철을 타면 가는 내내 당부의 말이 줄을 잇는다. 아이와 큰 가방을 기차에 실어 보내고 혼자 대합실로 되돌아 나와야 할 때 '이제 저 애를 보내는구나.' 싶었다. 다 자란 아이는 제 앞길을 찾아 떠나야 하고, 나의 역할은 먼 데서 아들을 지켜보아 주는 것이겠지만 기차가 눈앞에 보이지 않을 때까지 그 자리에서 발이 떨어지지 않았다.

  나를 보내는 순간부터 아버님은 다음 주말을 기다리지 않으셨을까. 다리 곁 감나무도 죽고, 아버님도 가셨다. 가슴에 휑하니 매운바람이 인다. 생각이 꼬리를 무는데 어디서 들리는 소리일까.

  "들어가서 더 자거라."

  아, 새색시 적에 조심하느라 새벽같이 일어나 밖으로 나간 나에게 아버님이 우리 방 아궁이에 군불을 때며 하셨던 말씀이다. 입 밖에 내지 않아도 '아버님'이란 낱말은 늘 입술에 맴돌고, 어느새 남편의 눈언저리에 자리 잡은 굵은 주름 사이에서 아버님은 아직도 나를 지켜보신다.

A Ripe Persimmon

There are words that I dare not say aloud. One of them is 'father', a void that remained ever since my father passed away when I was a child. I avoided speaking even a word about the times I spent with my father, lest my father who still lives in my thoughts might run away. Shivers run down my spine when I say the word 'father', as if the cold wind were blowing through an empty room. Bottomless solitude, which makes me feel that keeping the loss to myself would allow me to keep my memories about him, must have put a spell on me. When I have to say the word, I pronounce each syllable carefully.

In our younger days, we were a weekend couple, both of us working. In those days, we were separated—one in Busan and one in Seoul—waiting for the weekend when we would be together again, but in those weekends when he could not return to Busan because of work, I got on an outbound bus and went to my in-laws alone. Although my father-in-law treated me—an unsatisfactory daughter-in-law who was looking for somewhere to run away every time a tall rooster followed me around with the combs standing on its head, warmly—I have stretched my neck over the wall whenever I heard a taxi passing by an outskirt of a village. It headed straight to the upper village without casting even a single glance. My shoulders drooped as I turned away from the taxi.

"Had my father-in-law not been ill, I would have taken a train to Seoul, I could have just left after saying hello...."

A young, twenty-four-year-old daughter-in-law blushed, afraid that someone might see through her childishness.

On Sunday afternoon, my father-in-law took me to the storage room. Bare persimmon tree that gave all were looking at us from above. He opened a clay pot and put the persimmons neatly in thick pieces of paper before placing them in a plastic bag. Judging from his stooped posture, I thought his hands must have reached the bottom of the pot. I hastily tried to take the bag when I saw my father-in-law heading out to the gate holding the sagging bag in his hands, but he waved his hands and motioned me to go first. Where did his former impatient, upright self go? The sound of my feet hitting against the stones particularly got on my nerves. Gazing on my face, he handed me the plastic bag only when he reached the end of the bridge after a long walk. I could not dare look at the water stains around his sunken eyes, so I hastily cast my gaze towards the ground. I could not muster enough courage to look at the white rubber shoes that he was wearing. My nose tingled as I looked at the colors so cold and sad.

When I looked back after walking down some distance, my father-in-law was still standing under an old persimmon tree. The old, bare tree was still standing, and he was standing precariously, with his hand on the trunk, looking at me. I turned back and started to run. I waddled because of the bags of persimmons on my two hands. "I will be back next week. It's cold. Please get inside." The low voice that came out of my body sounded like echoes coming out of a cave. I tried to take my muffler off and wrap it around his shoulders, but he wrapped it around my shoulders again. I felt as if I were stepping on the nothingness. My vision got blurred as I thought of the loneliness of an old man who was worn out by his tough battle against cancer. Car windows were drenched with my tears as I returned home. On that day, dry and frozen blades of grass on a barren winter field looked even sadder.

Someone must have played with the persimmon

with a marker pen yesterday. On a pitch-black night, shadows of two people on the lighted doors seem warm and affectionate. I see an old man who tells the story of his life in a low, quiet voice, a young daughter-in-law who is dozing off, and a rough hand of an old man who is taking out a good-looking persimmon from a wooden dish. I look at a persimmon on a desk with the eyes like a seagull and a mouth like a small boat. As I look at it closer, I hear his warm voice that quietly lit up the night. I also see his sad eyes who looked endlessly at the back of his daughter-in-law as she was leaving. How heavy our hearts were as we followed his hearse.

My thought is cut off by the wind blowing through the front garden. A pale old moon is gazing down at me. I recite a poem that poet Nogye Park In-ro, which he wrote after he looks at the persimmons sent by Lee Deok Hyung, lameting that there is no one to welcome he when he returns home with beautiful red persimmons in his arms. Was this interpretation, given to me by a Korean teacher, just useful for getting high scores in examinations? Perhaps one can only understand it when one becomes a parent or an orphan. I used to think that I could stand tall in the face of life when, with the passage of time, I have more people who depend on me. Nowadays, however, I feel more and more strongly that I need a place that I could lean on as I grow older. Do regrets always come late, followed by pity? I had always taken the dark shade of the persimmon for granted but now I miss that unchanging youth as I stand under a bare tree.

I watch a documentary about the villages around the world famous for longevity. On a screen is an old man with a wide grin on his face. I am impressed by a sight of a clean and neat hundred-year-old man who only seems to be seventy. Ways in which Uyghurs live and speak look very similar to those of ours. I pick up a ripe persimmon from the desk. I put a few wrinkles on it. The face of my father-in-law overlaps with that of an old Uyghur man.

"Do men weep too when they think about their dead parents?"

"Life and death are no different. It must be like moving to a different place."

His back, as he silently goes back to the room after—rather coldly—cutting me off in the middle of a sentence, seems small. Tonight, would he be tossing and turning like me in his sleep?

Now it is my turn to say goodbye to my son. After we get on the subway to get to the Busan Station, endless words of advice follow. The thought that 'I am really sending him away' hits me as I leave the station alone and return to the waiting room after a train had carried my son away, together with his big luggage. Child, after he has grown up, must leave and find his way in the world, and my role as a parent would be to watch him from the distance, but I could not move until the train had disappeared out of my sight.

I wonder if my father-in-law been looking forward to the next weekend from the moment he saw me off at the gate. The old persimmon tree died, so did my father-in-law. Cold wind blows through me. I am occupied by trains of thought and there is a sudden sound. Where does the sound come from?

"Get inside and have more sleep."

Ah, that was what my father-in-law said to me as he came out to stoke up fire in a furnace when I, young and over cautious young bride, woke up at the break of dawn and went outside. The word 'father-in-law' lingers on my lips even when I do not say it out loud, and in between the wrinkles that settled around my husband's eyes, he is still watching me.

* Written by Song Myung-hwa / Translated by Joe, Sue-Jean
* Sue Jean Joe received her Ph. D in English at Dongguk University in 2019. She teaches at Dankook University, South Korea, and is an executive officer at the Yeats Society of Korea, T. S. Eliot Society of Korea and the Korea East-West Comparative Literature Association of Korea.

에필로그

산중의 악사

　산은 적막할 때 산답다. 숲은 짙을수록 숲답고, 계곡물은 바위와 돌멩이를 안고 감싸며 자연스레 몰입하여 흐를 때 계곡물답다. 산천어는 걱정 없이 뛰어놀 때 1급수를 즐기는 귀한 물고기답고, 멧돼지도 사람이 있을 때는 나무 그늘에 숨어주는 것이 산중 처사의 배려하는 모습이다. 녹색 바람까지도 화음을 이루며 조화롭게 어우러지는 곳이 힐링의 성소, 바로 산이다.
　몸이 구원을 청하는 소리를 들었다. 일주일 내내 휴식이 그 무엇보다 필요한 순간임을 다행히도 알아채었다. 마음이 움직이니 한 시간 거리도 잠깐인 것을 뭐가 그리 어려웠던가. 천성산을 찾아 공원입장료를 치르고 내원사 계곡으로 올라갔다. 소금강이라는 별명처럼 삼층바위와 절벽이 둘러싼 아름다운 계곡이 나를 부르고 있었다. 산의 초입부터 흙과 나무와 하늘과 계곡물이 연주하는 우아한 백색 음향이 나를 감싸안았다. 들을 때마다 마음 깊은 곳에서 순수와 감사의 은혜를 맛보게 하는 베토벤 「전원교향곡」의 피날레처럼 나도 한 명의 자연 오케스트라 단원으로, 아니면 청중으로 산의 정기를 누릴 수 있으리라.

 높은 너럭바위에 올라 자리를 폈다. 산이 준비한 우람한 돌 평상에 앉으니 옛 살라비에 안긴 듯 편하기 그지없다. 바람 덕분에 나뭇가지와 잎으로 조각난 하늘이 알렉산더 칼더의 천장 모빌처럼 잘게 반짝인다. 계곡 물소리가 천천히 내 몸속으로 흘렀다. 깨끗한 습기와 싱그러운 나무 향이 머릿속을 가득 채웠다. 내가 무엇인지, 내가 누구인지 생각하지 않아도 되는 편안함으로 눈을 감았다. 내 안의 주파수에 조응하는 자연의 안테나를 찾아 나선 길이었지 않은가. 비 맞은 듯 추레한 내 작은 몸이 다 마르면 털고 일어나 돌아가리라. 푸른 하늘을 배경으로 바람에 흔들리는 저 작은 나뭇잎 한 장처럼 가벼워져서 다시 일상으로 복귀하리라. 불행히도 휴식은 거기까지였다. 기대치 못한 팡파르가 쳐들어오기 전까지….

"빵— 빠앙——."

온 숲이 몸을 떨었다. 순간 나는 젖은 신문지처럼 돌바닥에 붙박였다. 버들치가 날쌔게 돌 그늘로 몸을 피하고, 새들이 날아올랐다. 솔바람을 타고 놀던 나뭇잎들이 엉키듯 흔들리고, 천년을 자리 잡고 묵상 중이던 돌부처가 한숨을 내쉬었다. 밤을 기다리며 졸던 부엉이가 나뭇가지에서 떨어지고, 정답게 맞붙어 있던 노루 부부가 펄쩍 뛰어 도망을 갔겠지. 산비둘기 새끼가 둥지에서 아우성치고, 다슬기 가족들도 아차 돌을 놓쳐 세찬 물살 속에서 이산가족이 되었겠다. 저만치 눈에 들어오는 한 남자가 미워서 가슴은 울렁거렸지만 입도 열리지 않았다. 고속도로 바닥에 설치된 속도저감장치처럼 터덕거리는 불쾌한 느낌이 휘몰아쳤다. 그것이 경쾌하던 여름 오후 수려한 산 생태계를 휘저어 버렸다.

색소폰 소리였다. 계곡 반대편 너른 암반 끝자락에 천막에다 널찍한 가림막까지 나무에 고정해 놓고, 수건과 티셔츠를 빨아 널어놓고 있는 품이 남자는 여름을 여기서 나기로 작정을 했나 보다. 웃통을 벗고 반바지만 걸치고서 멋진 폼을 잡는다. 꼬나든 악기가 황금빛으로 번득이며, 다시 울리는 단조로운 굉음이 고막을 찢는다. "빰, 빰 빰 빠아아

앙…." 자신감에 찬 호흡으로 울려댄다. 총알처럼 회전하며 두개골을 패는 저 소리를 왜 그는 심산유곡에 풀어놓는가. 부는 게 아니라 그것과 전투를 벌이고 있다. 아마도 그는 산중의 악사樂士가 되고자 했을 것이다. 집이나 동네에서 연습할 장소를 찾지 못하였을 테니.

어울림의 문제라는 생각을 한다. 산중식구도 귀를 기울이며 행복하게 감상할 정도의 음률이라면 보시라 해도 좋을 것을. 주세붕이 청량산을 유람하며 쓴 글에 악기 이야기가 나온다. 산세에 대한 표현도 아름다웠지만 자민루에 올라 젊은 악사에게 피리를 불게 하니 그 소리가 맑고 부드러워 월궁의 계수에 통하는 것 같았다는 표현과 산을 오를 때 층암절벽에 악사가 가려져 피리 소리만 들려 황홀하였다고 한 부분에서 나도 행복해졌다. 숲과 피리 소리가 어울려 숲은 더욱 청청해지고, 음률은 더욱 정교해지지 않았을까. 피리는 어쩌면 산의 주파수에 어울리는 떨림을 가진 악기이다. 색소폰도 그럴까. 즐기고 좋아하는 데 쓰임을 가진 것이건만 도시의 소음에 기진한 오늘, 그것은 내게 악기樂器라 하기 어렵다.

간절한 기대가 꺾일 때 느끼는 좌절감은 폭풍처럼 나를 집어삼킨다.

"아저씨!"

앙칼지긴 해도 작은 내 목소리로는 어림도 없다. 혹여 들린다손 쳐도 내려가 항의한다는 것은 도무지 엄두가 나지 않았다. 손가락 하나도 까딱일 수 없을 정도로 맥박이 가라앉아 있다. 얼마나 멀리 피해가야 평온을 찾을 수 있을까. 그냥 귀가를 결정하면서 눈에 들어오는 하늘에, 수런거리는 나무들에, 보이지 않는 작은 곤충에 이르기까지 미안하고 죄스러웠다. 나도 사람이라는 이유로 왠지 서글퍼진다. 패잔병이 된 내 등에 산중 식구들이 채워준 분노 자루 하나가 무겁게 얹혀 어깨를 내리누르는 느낌이다. "로마에선 로마법"이라는 말처럼 속세를 떠나오면 자연의 법을 따르는 것이 옳지 않겠나.

그를 산중의 악사惡士라 부른다면 너무한 처사가 될까. 자연의 화음을 익히지 못하여 다른 생명에게 폐를 끼쳤음을 언젠가는 그도 알게 되리라. 나의 비겁함이나 그의 무례함이나 도긴개긴 아닌가 싶다. 쫓겨 왔지만 눈치도 없이 아직도 이명처럼 들리는 취주악기 쇳소리에 힘없이 짜증을 얹는다.

나무의 응시
풀의 주름

초판 1쇄 발행 2024. 12. 20.

지은이 송명화
펴낸이 정숙이
펴낸곳 도서출판 에세이문예사

편집진행 박하연
디자인 양헌경

등록 제332-2019-000008호
주소 부산광역시 연제구 온천천공원길 4, 101동 1802호(거제동, 벽산e메타폴리스)
대표전화 051-557-5085
이메일 essaylit@hanmail.net

ⓒ 송명화, 2024
ISBN 979-11-989022-0-7 03810

• 파본이나 잘못된 책은 구입하신 곳에서 교환해드립니다.
• 이 책은 저작권법에 따라 보호를 받는 저작물이므로 무단전재 및 복제를 금지하며,
이 책 내용의 전부 및 일부를 이용하려면 반드시 저작권자와 도서출판 에세이문예사의 서면동의를 받아야 합니다.
• 이 도서는 2024년도 한국문화예술위원회 아르코문학창작기금(문학 창작산실) 사업에 선정되어 발간되었습니다.